KB233081

초등학교 4학년 교과서 漢字 따라쓰기

2004년 9월 1일 초판 인쇄
2004년 9월 5일 초판 발행
저　　자 : 김진남
발 행 인 : 배선희
발 행 처 : 빛과향기
등록번호 : 제3-1250호
주　　소 : 서울 동대문구 신설동 114-89 삼우B/D C동 403호
전　　화 : 02)2233-2919
팩　　스 : 02)2233-2920
E - m a i l : Lap21@korea.com
I S B N : 89-89700-39

본 저작물은 신저작권법에 의해 보호를 받는 저작물이므로
무단 전제 및 복제를 금합니다.

4학년 교과서 한자(漢字) 따라쓰기

빛과향기

일러두기

초등학교 3~6학년까지는 인지 능력이 발달하는 시기여서 국어의 이해도 빠르고 추상적인 개념에도 잘 접근할 수 있는 시기입니다. 이러한 때에 교과서에 나오는 내용을 漢字(한자)로 구성하여 漢字語(한자어) 이해와 쓰임을 정확하게 파악하고 활용할 수 있도록 하였으며, 교과서 학습과 바른 글씨 연습에 도움이 되도록 하였습니다.

이 책은 다음과 같이 구성되어 있습니다.

1. 4학년 읽기 교과서에서 漢字語를 선별하여 교과서 내용과 함께 漢字를 자연스럽게 습득할 수 있게 하였습니다.

2. 각 漢字語 마다 학기 표시와 페이지 표시를 하여 쉽게 예문을 배울 수 있게 하였습니다.

3. 漢字의 뜻과 음을 읽고 쓰면서 자연스럽게 漢字를 읽힐 수 있게 하였습니다.

4. 꼭 알아야 할 漢字는 빨간색으로 표시하였고 읽기만 하여도 될 漢字는 초록색으로 구분하여 구성하였습니다.

5. 쓰기에서 익힌 漢字를 예문을 활용하여 자연스럽게 漢字를 익히게 하였습니다.

6. 4학년 읽기 교과서에 수록된 780개의 漢字語를 가나다순으로 구분하여 낱말 풀이를 하였습니다.

7. 4학년 읽기 교과서에 수록된 815자의 漢字를 가나다순으로 구분하여 뜻과 음을 알 수 있게 하였습니다.

漢字

예문을 읽으며 글자의 쓰임을 알아봅시다.

낱말풀이

글자의 뜻과 음을 읽으며, 예쁘게 써보세요.

한글을 한자로 쓰세요.

예문을 읽으며 글자의 쓰임을 알아봅시다.

火山을 폭발시켜 하늘에다 내뿜기도 하였다.

마을 청년들이 마을 가운데에 있는 古木을 베어 땔감으로 쓰려고 하였다.

다른 나라의 文化를 비판 없이 받아들였기 때문일 것이다.

四寸 언니와 함께 동지들을 모으고, 독립만세를 부를 계획을 치밀하게 세웠다.

그 때, 한 少女가 그 주변을 마구 뛰어다니기 시작하였어요.

날아온 야구공 때문에 즐겁던 내 人生은 달라지고 말았어.

八角소반 위의 꽃잎으로 쓴 글자들은 향기롭고 보드랍고 고왔다.

왁자한 교실 안이 今世 꽁꽁 얼어붙고 차례를 기다리는 가슴이 콩닥콩닥 방아 찧는다.

낱말 풀이

火山(화산) : 땅 속의 용암이 밖으로 내뿜어지는 곳이나 그 내뿜어진 것이 쌓여 이루어진 산.

古木(고목) : 오래 묵은 나무. 나이가 많은 나무.

文化(문화) : 사람의 지혜가 깨이고 세상이 열리어 살기 좋아짐.

四寸(사촌) : 아버지와 어머니의 친형제의 아들딸.

少女(소녀) : 아주 나이 어리지도 않고 성숙하지도 않은 여자 아이.

人生(인생) : 사람이 세상에 나서 살아가는 동안.

八角(팔각) : 여덟모.

今世(금세) : 금시. 금방.

글자의 뜻과 음을 읽으며, 예쁘게 써보세요.

읽기 1학기 : 읽기 2학기 : 6쪽		읽기 1학기 : 읽기 2학기 : 52쪽		읽기 1학기 : 28쪽 읽기 2학기 : 29쪽		읽기 1학기 : 10쪽 읽기 2학기 :	
火	山	古	木	文	化	四	寸
불 화	메 산	옛 고	나무 목	글월 문	될 화	넉 사	마디 촌
` ` 丷 火	丨 山 山	一 十 古 古	一 十 才 木	` 亠 テ 文	ノ 亻 化 化	丨 冂 四 四	一 寸 寸

읽기 1학기 : 11쪽 54쪽 읽기 2학기 :		읽기 1학기 : 104쪽 읽기 2학기 :		읽기 1학기 : 읽기 2학기 : 48쪽		읽기 1학기 : 48쪽 읽기 2학기 :	
少	女	人	生	八	角	今	世
적을 소	계집 녀	사람 인	날 생	여덟 팔	뿔 각	이제 금	인간 세
` 小 小 少	〈 女 女	ノ 人	´ ㅗ 牛 生	ノ 八	⺈ 角 角 角	ノ 人 今 今	一 卄 卄 世

7

예문을 읽으며 글자의 쓰임을 알아봅시다.

경칩은 24 절기의 하나로, 대개 **三月** 초가 됩니다.

고대 로마에서는 **兵士**들의 봉급으로 소금을 주기도 하였다.

물독에서도 우리 선조들의 지혜로운 **一面**을 확인할 수 있다.

왜 여자와 **男子**로 편을 나누어야만할까?

느티나무에서 맴맴거리던 매미 소리가 멈추자 **四方**이 조용해졌습니다.

'성장통' 이라고 진단을 내리신 후에야 상민이는 **安心**을 하였다.

그리고 당신도 **正直**한 마음씨에 대한 보답을 받은 셈이니 좋지 않습니까?

노인의 말을 듣고, 마을 **青年**들은 행랑채를 뜯어 땔감으로 썼다.

낱말 풀이

三月(삼월) : 한 해 가운데 셋째 달.

兵士(병사) : 군사. 계급이 낮은 군인.

一面(일면) : 한 면.

男子(남자) : 남성인 사람. 사나이.

四方(사방) : 네 방위. 곧 동·서·남·북을 통틀어 이르는 말.

安心(안심) : 근심·걱정이 없이 마음이 편함.

正直(정직) : 거짓이나 꾸밈이 없이 마음이 바르고 곧음.

青年(청년) : 젊은 사람. 특히 남자를 말함.

글자의 뜻과 음을 읽으며, 예쁘게 써보세요.

읽기 1학기 : 16쪽
읽기 2학기 :

三	月
석 삼	달 월
一二三	丿月月月

읽기 1학기 : 77쪽
읽기 2학기 :

兵	士
군사 병	선비 사
厂斤丘兵	一十士

읽기 1학기 : 27쪽
읽기 2학기 :

一	面
한 일	얼굴 면
一	丆而面面

읽기 1학기 : 109쪽 139쪽
읽기 2학기 : 104쪽

男	子
사내 남	아들 자
口田男男	了子

읽기 1학기 : 124쪽
읽기 2학기 : 119쪽

四	方
넉 사	모 방
丨冂四四	丶亠方方

읽기 1학기 : 86쪽
읽기 2학기 :

安	心
편안할 안	마음 심
宀灾安安	丶心心心

읽기 1학기 :
읽기 2학기 : 41쪽

正	直
바를 정	곧을 직
一丁正正	一十直直

읽기 1학기 : 64쪽
읽기 2학기 : 52쪽 53쪽

青	年
푸를 청	해 년
一丰青青	스느仁年

9

화산 ☐☐ 을 폭발시켜 하늘에다 내뿜기도 하였다.

마을 청년들이 마을 가운데에 있는 고목 ☐☐ 을 베어 땔감으로 쓰

려고 하였다.

다른 나라의 문화 ☐☐ 를 비판 없이 받아들였기 때문일 것이다.

사촌 ☐☐ 언니와 함께 동지들을 모으고, 독립만세를 부를 계획을

치밀하게 세웠다.

그 때, 한 소녀 ☐☐ 가 그 주변을 마구 뛰어다니기 시작하였어요.

날아온 야구공 때문에 즐겁던 내 인생 ☐☐ 은 달라지고 말았어.

팔각 ☐☐ 소반 위의 꽃잎으로 쓴 글자들은 향기롭고 보드랍고 고왔

다.

왁자한 교실 안이 금세 ☐☐ 꽁꽁 얼어붙고 차례를 기다리는 가슴

이 콩닥콩닥 방아 찧는다.

경칩은 24 절기의 하나로, 대개 삼월 ☐☐ 초가 됩니다.

고대 로마에서는 병사 ☐☐ 들의 봉급으로 소금을 주기도 하였다.

물독에서도 우리 선조들의 지혜로운 일면 ☐☐ 을 확인할 수 있다.

왜 여자와 남자 ☐☐ 로 편을 나누어야만할까?

느티나무에서 맴맴거리던 매미 소리가 멈추자 사방 ☐☐ 이 조용해

졌습니다.

'성장통' 이라고 진단을 내리신 후에야 상민이는 안심 ☐☐ 을 하였

다.

그리고 당신도 정직 ☐☐ 한 마음씨에 대한 보답을 받은 셈이니 좋

지 않습니까?

노인의 말을 듣고, 마을 청년 ☐☐ 들은 행랑채를 뜯어 땔감으로 썼

다.

예문을 읽으며 글자의 쓰임을 알아봅시다.

보리싹이 자란 것을 보고 그 해 농사가 풍작일지 凶作일지를 점치기도 하였습니다.

관리인 아저씨가 때맞추어 모이도 주고 청소도 해 주며 各別히 보살펴 주기 때문입니다.

이 연을 空中에 띄워 올리는 것을 연날리기라고 한다.

老人은 나무가 시키는 대로 하였습니다.

우리 주변에서 無心코 낭비되는 물이 있는지 다시 한 번 살펴봅시다.

승연이는 은애에게 질 것 같아 不安하였다.

아이들의 成火에 못 이겨 아름다운 날개를 활짝 폈던 인도공작도 이제는 날개를 접었습니다.

그 밖에도 소금은 일상생활에서 有用하게 쓰인다.

낱말 풀이

凶作(흉작) : 농작물이 잘 되지 못함.

各別(각별) : 유달리 특별함.

空中(공중) : 하늘과 땅 사이의 빈 곳.

老人(노인) : 나이가 많은 사람.

無心(무심) : 아무 생각이 없음. 관심이 없음.

不安(불안) : 마음이 편안하지 아니함.

成火(성화) : 몹시 조르거나 귀찮게 구는 일.

有用(유용) : 이용할 데가 있음. 소용이 됨.

글자의 뜻과 음을 읽으며, 예쁘게 써보세요.

읽기 1학기 : 17쪽
읽기 2학기 :

凶	作
흉할 **흉**	지을 **작**
ノ メ 凶 凶	イ 仁 竹 作

읽기 1학기 : 129쪽
읽기 2학기 :

各	別
각각 **각**	나눌 **별**
ノ ク 久 各	口 另 別 別

읽기 1학기 :
읽기 2학기 : 68쪽

空	中
빌 **공**	가운데 **중**
宀 宍 空 空	丨 口 口 中

읽기 1학기 : 65쪽
읽기 2학기 :

老	人
늙을 **로**	사람 **인**
一 土 耂 老	ノ 人

읽기 1학기 :
읽기 2학기 : 17쪽

無	心
없을 **무**	마음 **심**
𠂉 無 無 無	ノ 心 心 心

읽기 1학기 :
읽기 2학기 : 100쪽

不	安
아니 **불**	편안할 **안**
一 ア 不 不	宀 安 安 安

읽기 1학기 : 129쪽
읽기 2학기 :

成	火
이룰 **성**	불 **화**
厂 厈 成 成	丶 丷 少 火

읽기 1학기 : 78쪽
읽기 2학기 :

有	用
있을 **유**	쓸 **용**
一 ナ 才 有	丿 冂 月 用

예문을 읽으며 글자의 쓰임을 알아봅시다.

미카를 위로해 주어야겠다고 생각하며 自信 있게 말하였다.

그리고 국경일이나 설날, 秋夕과 같은 공휴일에는 문을 열지 않습니다.

어머니도 便安하시고, 동생 주영이도 열심히 공부하고 있겠지?

도서실 자료는 여러 사람이 活用할 수 있도록 정해진 기간 안에 반납하여야 합니다.

저공은 고민을 하다가 먹이의 양을 줄이기로 決定하였습니다.

송아지한테는 동해네 食口의 갖가지 꿈이 걸려 있습니다.

도서실에는 필기 道具와 공책만 가지고 들어갑니다.

김유신 장군이 밤에 불을 매단 연을 하늘로 올려 어수선한 民心을 바로잡았다는 이야기가 있다.

낱말 풀이

自信(자신) : 자기의 능력이나 가치 또는 어떤 일의 보람에 대하여 자기 스스로 믿음.

秋夕(추석) : 음력 8월 15일. 햅쌀로 송편을 빚어 차례를 지내고 벌초·성묘 등을 함.

便安(편안) : 몸이나 마음이 편하고 좋음.

活用(활용) : 성질·기능 등을 이리저리 잘 응용함. 변통하여 돌려씀.

決定(결정) : 어떻게 하겠다고 정함.

食口(식구) : 한 집안에서 같이 살며 끼니를 함께 하는 사람.

道具(도구) : 일에 쓰이는 여러 가지 연장.

民心(민심) : 국민들의 마음.

읽기 1학기 : 읽기 2학기 : 9쪽 59쪽		읽기 1학기 : 74쪽 83쪽 읽기 2학기 :		읽기 1학기 : 96쪽 105쪽 읽기 2학기 :		읽기 1학기 : 74쪽 125쪽 읽기 2학기 :	
自	信	秋	夕	便	安	活	用
스스로 자	믿을 신	가을 추	저녁 석	편할 편	편안할 안	살 활	쓸 용
′丁自自	亻亻信信	千禾利·秋	丿ク夕	亻亻但便	宀宀安安	氵氵汗活	丿刀月用

읽기 1학기 : 110쪽 읽기 2학기 :		읽기 1학기 : 읽기 2학기 : 313쪽		읽기 1학기 : 74쪽 읽기 2학기 :		읽기 1학기 : 읽기 2학기 : 69쪽	
決	定	食	口	道	具	民	心
결단할 결	정할 정	밥 식	입 구	길 도	갖출 구	백성 민	마음 심
氵江沪決	宀宀宝定	人人食食	丨冂口	亠艻首道	丨目且具	丨尸尸民	丶心心心

15

보리싹이 자란 것을 보고 그 해 농사가 풍작일지 흉작 ☐☐ 일지를

점치기도 하였습니다.

관리인 아저씨가 때맞추어 모이도 주고 청소도 해 주며 각별 ☐☐

히 보살펴 주기 때문입니다.

이 연을 공중 ☐☐ 에 띄워 올리는 것을 연날리기라고 한다.

노인 ☐☐ 은 나무가 시키는 대로 하였습니다.

우리 주변에서 무심 ☐☐ 코 낭비되는 물이 있는지 다시 한 번 살펴

봅시다.

승연이는 은애에게 질 것 같아 불안 ☐☐ 하였다.

아이들의 성화 ☐☐ 에 못 이겨 아름다운 날개를 활짝 폈던 인도공

작도 이제는 날개를 접었습니다.

그 밖에도 소금은 일상생활에서 유용 ☐☐ 하게 쓰인다.

미카를 위로해 주어야겠다고 생각하며 자신 ☐☐ 있게 말하였다.

그리고 국경일이나 설날, 추석 ☐☐ 과 같은 공휴일에는 문을 열지 않습니다.

어머니도 편안 ☐☐ 하시고, 동생 주영이도 열심히 공부하고 있겠지?

도서실 자료는 여러 사람이 활용 ☐☐ 할 수 있도록 정해진 기간 안에 반납하여야 합니다.

저공은 고민을 하다가 먹이의 양을 줄이기로 결정 ☐☐ 하였습니다.

송아지한테는 동해네 식구 ☐☐ 의 갖가지 꿈이 걸려 있습니다.

도서실에는 필기 도구 ☐☐ 와 공책만 가지고 들어갑니다.

김유신 장군이 밤에 불을 매단 연을 하늘로 올려 어수선한 민심 ☐ ☐ 을 바로잡았다는 이야기가 있다.

예문을 읽으며 글자의 쓰임을 알아봅시다.

큰입이는 제가 만든 別名이에요.

새로운 生命을 태어나게 할 준비를 서두르는 것입니다.

우리 학교 도서실은 매일 午前 9 시부터 오후 5 시까지 문을 엽니다.

원래 먼 옛날에 지구를 지배하였던 공룡의 子孫이다.

車道와 보도가 구분되지 않은 길은 매우 혼잡해서 사고의 위험이 크다.

암탉 한 마리가 병아리들을 데리고 平和롭게 놀고 있더군요.

비닐 화분에 심은 花草입니다.

古代 로마에서는 병사들의 봉급으로 소금을 주기도 하였다.

낱말 풀이

別名(별명) : 본 이름 외에 남들이 지어 부르는 이름.

生命(생명) : 목숨.

午前(오전) : 밤 12시부터 낮 12시까지의 사이.

子孫(자손) : 아들과 손자.

車道(차도) : 차가 다니는 길.

平和(평화) : 평온하고 화목함.

花草(화초) : 꽃이 피는 풀과 나무, 또는 보기 위해 꽃밭이나 화분에 심는 풀과 나무.

古代(고대) : 옛날. 오래 전의 시대.

읽기 1학기: 118쪽		
읽기 2학기:		

別 名

나눌 **별**	이름 **명**
ㅁ 另 別 別	ノ クタ 名

生 命

읽기 1학기: 17쪽
읽기 2학기:

날 **생**	목숨 **명**
ㅗ 亠 牛 生	人 今 合 命

午 前

읽기 1학기: 74쪽
읽기 2학기:

낮 **오**	앞 **전**
ノ ㅅ 二 午	ㅛ 亠 前 前

子 孫

읽기 1학기:
읽기 2학기: 86쪽

아들 **자**	손자 **손**
了 了 子	了 子 孫 孫

車 道

읽기 1학기: 22쪽
읽기 2학기:

수레 **차**	길 **도**
一 百 亘 車	ㅛ 首 首 道

平 和

읽기 1학기: 12쪽 54쪽
읽기 2학기:

평평할 **평**	화할 **화**
一 ニ 二 平	千 禾 和 和

花 草

읽기 1학기: 140쪽
읽기 2학기:

꽃 **화**	풀 **초**
艹 花 花 花	一 艹 苩 草

古 代

읽기 1학기: 77쪽
읽기 2학기:

옛 **고**	대신할 **대**
一 十 古 古	イ 仁 代 代

예문을 읽으며 글자의 쓰임을 알아봅시다.

農夫는 열심히 일을 하여 욕심쟁이 부자 영감의 밭을 샀다.

4 년만 있으면 大學에 갈 텐데, 우리 형편에 미리미리 준비를 해 놓지 않으면 힘들어.

현대 文明의 산물인 전기 밥통은 보온은 되나, 시간이 지나면 밥이 누렇게 변색되고 냄새도 난다.

이 세상에서 자기가 가장 不幸한 아이라고 생각하며 눈물을 흘렸습니다.

성장통은 成長 속도가 빠르고 활동적인 어린이에게 흔히 나타난다.

백 년을 보고 人材를 기른다고 하지 않던가?

연날리기는 정초에 全國에서 즐겨 행해지는 민속 놀이의 하나이다.

앉아서 쉬기에는 늙은 나무 밑동이 最高야. 자, 와서 앉아.

낱말 풀이

農夫(농부) : 농사를 지어서 생활을 하는 사람. 농사꾼.

大學(대학) : 고등학교를 마치고 들어가는 최고 교육 기관.

文明(문명) : 사람의 지혜가 깨고, 물질적인 생활이 편리해짐.

不幸(불행) : 행복하지 못함. 운수가 나쁨.

成長(성장) : 자라서 점점 커짐, 또는 성숙해짐.

人材(인재) : 학식과 능력이 뛰어나 큰 일을 할 수 있는 사람.

全國(전국) : 온 나라.

最高(최고) : 가장 나음.

글자의 뜻과 음을 읽으며, 예쁘게 써보세요.

읽기 1학기 : 34쪽 35쪽
읽기 2학기 :

農	夫
농사 농	지아비 부
曲 曲 農 農	一 二 夫 夫

읽기 1학기 :
읽기 2학기 : 132쪽

大	學
큰 대	배울 학
一 ナ 大	臼 與 學 學

읽기 1학기 : 26쪽
읽기 2학기 :

文	明
글월 문	밝을 명
丶 亠 亠 文	丨 日 旫 明

읽기 1학기 :
읽기 2학기 : 134쪽

不	幸
아니 불	다행 행
一 プ 不 不	一 十 圡 幸

읽기 1학기 : 86쪽
읽기 2학기 :

成	長
이룰 성	길 장
厂 厈 成 成	匚 厅 長 長

읽기 1학기 : 85쪽
읽기 2학기 :

人	材
사람 인	재목 재
ノ 人	十 オ 术 材

읽기 1학기 : 12쪽
읽기 2학기 : 68쪽

全	國
온전할 전	나라 국
入 스 수 全	冂 同 國 國

읽기 1학기 : 65쪽
읽기 2학기 :

最	高
가장 최	높을 고
日 旦 昻 最	亠 亠 高 高

큰입이는 제가 만든 별명 ☐☐ 이에요.

새로운 생명 ☐☐ 을 태어나게 할 준비를 서두르는 것입니다.

우리 학교 도서실은 매일 오전 ☐☐ 9 시부터 오후 5 시까지 문을

엽니다.

원래 먼 옛날에 지구를 지배하였던 공룡의 자손 ☐☐ 이다.

차도 ☐☐ 와 보도가 구분되지 않은 길은 매우 혼잡해서 사고의 위

험이 크다.

암탉 한 마리가 병아리들을 데리고 평화 ☐☐ 롭게 놀고 있더군요.

비닐 화분에 심은 화초 ☐☐ 입니다.

고대 ☐☐ 로마에서는 병사들의 봉급으로 소금을 주기도 하였다.

농부 ☐☐ 는 열심히 일을 하여 욕심쟁이 부자 영감의 밭을 샀다.

4 년만 있으면 대학 ☐☐ 에 갈 텐데, 우리 형편에 미리미리 준비를

해 놓지 안으면 힘들어.

현대 문명 ☐ ☐ 의 산물인 전기 밥통은 보온은 되나, 시간이 지나면

밥이 누렇게 변색되고 냄새도 난다.

이 세상에서 자기가 가장 불행 ☐ ☐ 한 아이라고 생각하며 눈물을

흘렸습니다.

성장통은 성장 ☐ ☐ 속도가 빠르고 활동적인 어린이에게 흔히 나타

난다.

백 년을 보고 인재 ☐ ☐ 를 기른다고 하지 않던가?

연날리기는 정초에 전국 ☐ ☐ 에서 즐겨 행해지는 민속 놀이의 하나

이다.

앉아서 쉬기에는 늙은 나무 밑동이 최고 ☐ ☐ 야. 자, 와서 앉아.

예문을 읽으며 글자의 쓰임을 알아봅시다.

뜻하지 않은 사고를 당한 이웃에 대한 동정심도 **表現**할 수 없게 될 것이다.

古物 장수에게 억세게 재수 좋은 일이 벌어졌습니다.

農民들이 그 해 농사가 높은 지대에서 잘 될까,

그들은 **大陸**이 얼마나 넓은지, 그 넓은 땅을 달리는 기분이 어떤지 알 수가 없지요.

美術 시간이었다.

班長 준식이가 발딱 일어나 외쳤다.

독창적인 우리 글자를 만들어 **使用**하면서 문화를 발전시켜 왔다.

어떤 동물이 **有名**한 치과 의사에게 전화를 걸어.

낱말 풀이

表現(표현) : 말·글·몸짓 등으로 마음 속의 생각이나 느낌을 드러내어 나타냄.

古物(고물) : 헐거나 낡은 물건.

農民(농민) : 농사를 짓고 사는 사람.

大陸(대륙) : 지구상의 큰 육지.

美術(미술) : 아름다움을 나타내는 예술의 한 부분. 곧, 그림·건축·조각 등을 통틀어 이르는 말.

班長(반장) : '반' 이라는 이름을 붙인 집단의 통솔자 또는 책임자.

使用(사용) : 물건을 씀.

有名(유명) : 이름이 있음. 이름이 널리 알려져 있음.

글자의 뜻과 음을 읽으며, 예쁘게 써보세요.

읽기 1학기 : 73쪽 109쪽 읽기 2학기 :		읽기 1학기 : 152쪽 읽기 2학기 : 142쪽		읽기 1학기 : 19쪽 읽기 2학기 :		읽기 1학기 : 읽기 2학기 : 12쪽	
表	現	古	物	農	民	大	陸
겉 표	나타날 현	옛 고	만물 물	농사 농	백성 민	큰 대	육지 륙
一 三 丰 表 表	王 珇 珇 現	一 十 古 古	一 一 牛 牛 物	曲 曲 農 農	ㄴ ㄸ ㄸ 民	一 ナ 大	ㅏ 阼 陸 陸

읽기 1학기 : 읽기 2학기 : 84쪽		읽기 1학기 : 읽기 2학기 : 42쪽 44쪽		읽기 1학기 : 27쪽 77쪽 읽기 2학기 : 16쪽 28쪽		읽기 1학기 : 135쪽 읽기 2학기 :	
美	術	班	長	使	用	有	名
아름다울 미	재주 술	나눌 반	길 장	부릴 사	쓸 용	있을 유	이름 명
ㅛ 兰 荖 美	彳 徉 徉 術	Ŧ 玨 玔 班	ㅌ 토 른 長	亻 伃 佢 使	ㅣ 冂 月 用	一 ナ 冇 有	ノ 夕 夕 名

예문을 읽으며 글자의 쓰임을 알아봅시다.

그러나 한 곳에 定着하여 농사를 짓게 되자, 식물성 식품을 주로 먹게
되어 소금이 많이 필요하게 되었다.

最善을 다하는 네 모습이 얼마나 멋있게 보였는지 몰라.

모든 학생이 도서실을 便利하게 이용할 수 있도록 하여야 하겠습니다.

나는 아이들의 活氣찬 모습을 보다가 흘끗 3층을 올려다보았습니다.

우리 家族이 사는 한국에서 다시 일하게 되었단다.

윷놀이는 우리 나라 固有의 민속놀이이다.

모두가 獨立을 애타게 바라며 하루하루를 고통 속에서 살고 있었다.

나라의 힘을 기르려면 서양 文物을 받아들이고 신학문을 배워야 한다.

낱말 풀이

定着(정착) : 일정한 곳에 자리잡아 삶.

最善(최선) : 가장 좋음.

便利(편리) : 편하고 쉬움.

活氣(활기) : 활동하는 힘.

家族(가족) : 부모와 자식·부부 등의 관계로 맺어져 한 집안에서 같이
　　　　　　 생활하는 사람들.

固有(고유) : 본디부터 있음.

獨立(독립) : 남의 힘을 입지 않고 홀로 섬.

文物(문물) : 문화의 발달로 이루어진 것. 곧, 학문·예술·법률·종교
　　　　　　 등 문화에 관한 것을 통틀어 이르는 말.

글자의 뜻과 음을 읽으며, 예쁘게 써보세요.

읽기 1학기 : 77쪽 읽기 2학기 :		읽기 1학기 : 108쪽 135쪽 읽기 2학기 :		읽기 1학기 : 74쪽 읽기 2학기 :		읽기 1학기 : 66쪽 읽기 2학기 :	
定	着	最	善	便	利	活	氣
정할 정	붙을 착	가장 최	착할 선	편할 편	이로울 리	살 활	기운 기
宀宁宇定	羊羊着着	日旦昻最	羊盖善	亻亻佰便	一禾利	氵氵汗活	乍气气氣

읽기 1학기 : 113쪽 120쪽 읽기 2학기 : 59쪽		읽기 1학기 : 18쪽 읽기 2학기 :		읽기 1학기 : 9쪽 12쪽 읽기 2학기 :		읽기 1학기 : 8쪽 읽기 2학기 :	
家	族	固	有	獨	立	文	物
집 가	겨레 족	굳을 고	있을 유	홀로 독	설 립	글월 문	만물 물
宀宀家家	方方族	冂門固固	一ナ才有	犭獨獨獨	亠立立	亠亠文	二牛物

27

뜻하지 않은 사고를 당한 이웃에 대한 동정심도 표현 ☐☐ 할 수 없

게 될 것이다.

고물 ☐☐ 장수에게 억세게 재수 좋은 일이 벌어졌습니다.

농민 ☐☐ 들이 그 해 농사가 높은 지대에서 잘 될까,

그들은 대륙 ☐☐ 이 얼마나 넓은지, 그 넓은 땅을 달리는 기분이 어

떤지 알 수가 없지요.

미술 ☐☐ 시간이었다.

반장 ☐☐ 준식이가 발딱 일어나 외쳤다.

독창적인 우리 글자를 만들어 사용 ☐☐ 하면서 문화를 발전시켜 왔

다.

어떤 동물이 유명 ☐☐ 한 치과 의사에게 전화를 걸어.

그러나 한 곳에 정착 ☐☐ 하여 농사를 짓게 되자, 식물성 식품을 주

로 먹게 되어 소금이 많이 필요하게 되었다.

최선 □ □ 을 다하는 네 모습이 얼마나 멋있게 보였는지 몰라.

모든 학생이 도서실을 편리 □ □ 하게 이용할 수 있도록 하여야 하

겠습니다.

나는 아이들의 활기 □ □ 찬 모습을 보다가 흘끗 3층을 올려다보았

습니다.

우리 가족 □ □ 이 사는 한국에서 다시 일하게 되었단다.

윷놀이는 우리 나라 고유 □ □ 의 민속놀이이다.

모두가 독립 □ □ 을 애타게 바라며 하루하루를 고통 속에서 살고

있었다.

나라의 힘을 기르려면 서양 문물 □ □ 을 받아들이고 신학문을 배워

야 한다.

예문을 읽으며 글자의 쓰임을 알아봅시다.

잘못된 發音으로 말하거나, 앞뒤가 맞지 않는 표현을 거리낌없이 쓰지는 않았는가?

서로에게 친절을 베풀 때, 우리 社會는 더 밝아질 것이다.

자동차가 完全히 멈추었을 때에 주위를 살피며 건넌다.

새들의 作別 인사를 들으며 나무들도 잎을 떨어뜨렸습니다.

그런 마음에서 親切한 말과 행동이 우러 나온다.

도서실에는 筆記 도구와 공책만 가지고 들어갑니다.

우리 가족이 사는 韓國에서 다시 일하게 되었단다.

문화재가 전시되어 있는 박물관을 見學한다.

낱말 풀이

發音(발음) : 발음 기관을 통해 말소리를 냄.

社會(사회) : 같은 무리끼리 모여 함께 살아가는 모임. 세상.

完全(완전) : 빠지거나 모자람이 없음.

作別(작별) : 같이 있던 사람이 서로 헤어짐.

親切(친절) : 태도가 매우 정답고 고분고분함.

筆記(필기) : 글씨를 씀.

韓國(한국) : 우리 나라.

見學(견학) : 실지로 가 보아 학식을 넓힘.

글자의 뜻과 음을 읽으며, 예쁘게 써보세요.

읽기 1학기 : 73쪽
읽기 2학기 :

發	音
쓸 발	소리 음
ㄱ ㅆ 癶 發 發	一 亠 立 音

읽기 1학기 : 7쪽
읽기 2학기 :

社	會
모일 사	모일 회
一 亍 示 社	人 스 會 會

읽기 1학기 : 22쪽
읽기 2학기 :

完	全
완전할 완	온전할 전
宀 宀 宁 完	人 스 仝 全

읽기 1학기 :
읽기 2학기 : 58쪽

作	別
지을 작	나눌 별
亻 仁 乍 作	口 另 別 別

읽기 1학기 : 6쪽 7쪽
읽기 2학기 :

親	切
친할 친	자를 절
立 亲 亲 親 親	一 七 切 切

읽기 1학기 : 74쪽
읽기 2학기 :

筆	記
붓 필	기록할 기
竺 筆 筆 筆	言 言 記 記

읽기 1학기 : 97쪽
읽기 2학기 :

韓	國
나라 한	나라 국
卓 乾 韓 韓	冂 回 國 國

읽기 1학기 : 28쪽
읽기 2학기 :

見	學
볼 견	배울 학
冂 月 目 見	臼 與 學 學

예문을 읽으며 글자의 쓰임을 알아봅시다.

도서실 자료는 여러 사람이 활용할 수 있도록 정해진 期間 안에 반납하여야 합니다.

열매줍기 대회에 무료로 參加할 수 있는 자격을 준다고 한다.

나는 지난 주에 동물이 나오는 외국 童話 한 편을 재미있게 읽었어.

물독은 물 속에 섞여 있는 해로운 物質을 흡수하여 악취를 제거한다.

상민이는 걱정이 되어 어머니와 함께 病院에 가서 엑스선 사진을 찍어 보았다.

西洋의 과학기술을 받아들여 여러 가지 기계를 만들기도 하였습니다.

성장통의 原因은 정확하게 밝혀지지 않았다.

바닷물에 녹아 있는 소금을 電氣 힘으로 분리하여 얻기도 한다.

낱말 풀이

期間(기간) : 일정한 시기의 사이.

參加(참가) : 어떤 모임에 참여함.

童話(동화) : 어린이들에게 읽히기 위하여 지은 이야기.

物質(물질) : 물건을 이루는 본바탕.

病院(병원) : 질병을 진찰하고 치료하는 곳.

西洋(서양) : 유럽과 아메리카의 여러 나라.

原因(원인) : 무슨 일이 일어난 까닭.

電氣(전기) : 빛과 열을 내고 여러 가지 기계를 움직이게 하는 에너지.

글자의 뜻과 음을 읽으며, 예쁘게 써보세요.

읽기 1학기 : 74쪽
읽기 2학기 :

期	間
기약할 **기**	사이 **간**
世 其 其 期	l 尸 門 間

읽기 1학기 :
읽기 2학기 : 98쪽

參	加
간여할 **참**	더할 **가**
厽 厽 叅 參	ノ 力 加 加

읽기 1학기 : 135쪽
읽기 2학기 :

童	話
아이 **동**	말할 **화**
立 音 音 童	亠 言 計 話

읽기 1학기 : 27쪽
읽기 2학기 :

物	質
만물 **물**	바탕 **질**
亠 乍 牛 物	斤 所 質 質

읽기 1학기 : 86쪽 135쪽
읽기 2학기 : 120쪽

病	院
병들 **병**	집 **원**
广 疒 病 病	阝 阼 阼 院

읽기 1학기 : 8쪽 126쪽
읽기 2학기 :

西	洋
서녘 **서**	바다 **양**
一 丙 西 西	氵 汘 汫 洋

읽기 1학기 : 86쪽
읽기 2학기 :

原	因
근원 **원**	인할 **인**
厂 厊 原 原	l 冂 因 因

읽기 1학기 : 26쪽 77쪽
읽기 2학기 :

電	氣
번개 **전**	기운 **기**
一 爫 雷 電	厃 气 气 氣

잘못된 발음 ☐☐ 으로 말하거나, 앞뒤가 맞지 않는 표현을 거리낌

없이 쓰지는 않았는가?

서로에게 친절을 베풀 때, 우리 사회 ☐☐ 는 더 밝아질 것이다.

자동차가 완전 ☐☐ 히 멈추었을 때에 주위를 살피며 건넌다.

새들의 작별 ☐☐ 인사를 들으며 나무들도 잎을 떨어뜨렸습니다.

그런 마음에서 친절 ☐☐ 한 말과 행동이 우러 나온다.

도서실에는 필기 ☐☐ 도구와 공책만 가지고 들어갑니다.

우리 가족이 사는 한국 ☐☐ 에서 다시 일하게 되었단다.

문화재가 전시되어 있는 박물관을 견학 ☐☐ 한다.

도서실 자료는 여러 사람이 활용할 수 있도록 정해진 기간 ☐☐ 안

에 반납하여야 합니다.

열매줍기 대회에 무료로 참가□□ 할 수 있는 자격을 준다고 한다.

나는 지난 주에 동물이 나오는 외국 동화□□ 한 편을 재미있게 읽

었어.

물독은 물 속에 섞여 있는 해로운 물질□□을 흡수하여 악취를 제

거한다.

상민이는 걱정이 되어 어머니와 함께 병원□□에 가서 엑스선 사

진을 찍어 보았다.

서양□□의 과학기술을 받아들여 여러 가지 기계를 만들기도 하였

습니다.

성장통의 원인□□은 정확하게 밝혀지지 않았다.

바닷물에 녹아 있는 소금을 전기□□ 힘으로 분리하여 얻기도 한

다.

예문을 읽으며 글자의 쓰임을 알아봅시다.

다른 아이에게 대항한 **最初**의 행동이었다.

오늘날에는 이러한 **風習**이 많이 사라지고 있습니다.

내가 버린 **休紙**는 아니었지만 얼굴이 화끈 달아올랐다.

내가 있는 방은 아무 장식이 없는 그냥 네모난 **空間**입니다.

할머니 건강이 좋아지셨다니 **多幸**이구나.

그러게나 말이야. 제 **分數**도 모르고…….

우리는 자동차 홍수 **時代**에 살고 있다.

현아는 눈물이 그렁그렁하게 괸 눈으로 **人事**하였습니다.

낱말 풀이

最初(최초) : 맨 처음.

風習(풍습) : 풍속과 습관.

休紙(휴지) : 못 쓰게 된 종이.

空間(공간) : 아무것도 없이 비어 있는 곳.

多幸(다행) : 일이 좋게 됨. 운수가 좋음. 뜻밖에 잘 됨.

分數(분수) : 제 몸에 알맞은 한도.

時代(시대) : 역사적으로 어떤 표준에 의거 구분한 일정한 기간.

人事(인사) : 만나거나 헤어질 때 서로 주고받는 말이나 동작.

글자의 뜻과 음을 읽으며, 예쁘게 써보세요.

읽기 1학기 :	읽기 2학기 : 106쪽
最	初
가장 **최**	처음 **초**
日旦旦最最	㇇ネ初初

읽기 1학기 : 16쪽 19쪽	읽기 2학기 :
風	習
바람 **풍**	익힐 **습**
ﾉ几凡風風	㇆羽習習

읽기 1학기 :	읽기 2학기 : 14쪽 15쪽
休	紙
쉴 **휴**	종이 **지**
亻仁什休	纟糸紅紙

읽기 1학기 : 138쪽	읽기 2학기 :
空	間
빌 **공**	사이 **간**
宀宍空空	｜尸門間

읽기 1학기 : 96쪽	읽기 2학기 :
多	幸
많을 **다**	다행 **행**
㇒夕多多	十土杢幸

읽기 1학기 : 138쪽	읽기 2학기 :
分	數
나눌 **분**	셈할 **수**
ﾉ八分分	曰婁婁數

읽기 1학기 : 22쪽	읽기 2학기 : 84쪽
時	代
때 **시**	대신할 **대**
日旷時時	亻仁代代

읽기 1학기 : 50쪽 69쪽	읽기 2학기 : 40쪽 42쪽
人	事
사람 **인**	일 **사**
ﾉ人	一彐亖事

예문을 읽으며 글자의 쓰임을 알아봅시다.

문화재가 **展示**되어 있는 박물관은 우리의 문화전통을 공부하기에 알맞은 곳이다.

花壇에 나가 보면 식물의 잎줄기에 다닥다닥 붙어 있는 연두색의 작은 곤충을 발견할 수 있다.

結果는 영도 할머니의 승리였습니다.

讀書의 즐거움을 경험하고, 즐겨 읽는 태도를 가지도록 노력하자.

시작 종 소리가 울리자 선생님이 **登場**한다.

같은 못이면서도 **時計**가 걸렸던 못이나 그림이 걸렸던 못은 나를 아주 못마땅해 하였습니다.

그러나 몸만 피곤해질 뿐 아무 **所用**이 없었다.

보도는 사람들만 다닐 수 있도록 만들어 놓은 **安全**한 길이다.

낱말 풀이

展示(전시) : 늘어놓아 보임.

花壇(화단) : 꽃을 심으려고 뜰 따위의 한쪽에 흙을 한층 높게 쌓아 놓는 곳.

結果(결과) : 어떤 원인으로 말미암아 생긴 일의 끝.

讀書(독서) : 책을 읽음.

登場(등장) : 무대 같은 데에 나옴.

時計(시계) : 시각을 나타내거나 시간을 재는 기계.

所用(소용) : 무엇에 쓰임, 또는 무엇에 쓰이는 바.

安全(안전) : 편안하고 아무 탈이 없음. 위험이 없음.

글자의 뜻과 음을 읽으며, 예쁘게 써보세요.

읽기 1학기 : 28쪽 읽기 2학기 :		읽기 1학기 : 읽기 2학기 : 82쪽		읽기 1학기 : 읽기 2학기 : 131쪽		읽기 1학기 : 20쪽 읽기 2학기 :	
展	示	花	壇	結	果	讀	書
펼 전	볼 시	꽃 화	제터 단	맺을 결	열매 과	읽을 독	글 서
ㄱㄹ尸屈展	一二亍示	艹艹花花	土圹壇壇	幺糸糸結	日旦早果	言計讀讀	ㅋ글書書

읽기 1학기 : 115쪽 읽기 2학기 :		읽기 1학기 : 139쪽 읽기 2학기 :		읽기 1학기 : 읽기 2학기 : 6쪽 12쪽		읽기 1학기 : 22쪽 읽기 2학기 :	
登	場	時	計	所	用	安	全
오를 등	마당 장	때 시	셈할 계	장소 소	쓸 용	편안할 안	온전할 전
癶癶癶登	土圩垍場	日旷時時	亠言言計	丿戶所所	丿冂月用	宀穴安安	入亼全全

한글을 한자로 쓰세요.

다른 아이에게 대항한 최초 ☐☐ 의 행동이었다.

오늘날에는 이러한 풍습 ☐☐ 이 많이 사라지고 있습니다.

내가 버린 휴지 ☐☐ 는 아니었지만 얼굴이 화끈 달아올랐다.

내가 있는 방은 아무 장식이 없는 그냥 네모난 공간 ☐☐ 입니다.

할머니 건강이 좋아지셨다니 다행 ☐☐ 이구나.

그러게나 말이야. 제 분수 ☐☐ 도 모르고…….

우리는 자동차 홍수 시대 ☐☐ 에 살고 있다.

현아는 눈물이 그렁그렁하게 괸 눈으로 인사 ☐☐ 하였습니다.

문화재가 전시 ☐☐ 되어 있는 박물관은 우리의 문화전통을 공부하

기에 알맞은 곳이다.

화단 ☐☐ 에 나가 보면 식물의 잎줄기에 다닥다닥 붙어 있는 연두

색의 작은 곤충을 발견할 수 있다.

결과 ☐☐ 는 영도 할머니의 승리였습니다.

독서 ☐☐ 의 즐거움을 경험하고, 즐겨 읽는 태도를 가지도록 노력

하자.

시작 종 소리가 울리자 선생님이 등장 ☐☐ 한다.

같은 못이면서도 시계 ☐☐ 가 걸렸던 못이나 그림이 걸렸던 못은

나를 아주 못마땅해 하였습니다.

그러나 몸만 피곤해질 뿐 아무 소용 ☐☐ 이 없었다.

보도는 사람들만 다닐 수 있도록 만들어 놓은 안전 ☐☐ 한 길이다.

41

예문을 읽으며 글자의 쓰임을 알아봅시다.

오늘날에는 염전이 아닌 工場에서도 소금을 만들 수 있게 되었습니다.

미카는 鐵道 박물관에서나 만날 수 있다.

우리는 이러한 일들을 잘 지켜서 모든 學生이 도서실을 편리하게 이용할 수 있도록 하여야 하겠습니다.

탑골 公園에서 시작된 독립 만세 운동이 바로 그것이었다.

현아와 내 가슴 속에는 하얀 나비가 圖章처럼 꽉 찍혔습니다.

열매줍기 대회에 無料로 참가할 수 있는 자격을 준다고 한다.

양치를 하거나 洗手를 할 때에는 양칫물을 컵에 받아서 쓰고 세숫물을 세면대에 받아서 쓰자.

집으로 돌아오는 길에 藥局 앞에서 옥수수 파는 할머니를 만났습니다.

漢字 낱말 풀이

工場(공장) : 사람들을 모아 기계를 써서 물건을 만들어 내거나 손질을 하는 곳.

鐵道(철도) : 기차가 다니는 길.

學生(학생) : 학교에서 공부하는 사람.

公園(공원) : 누구든지 자유로이 쉬고, 놀고, 거닐 수 있도록 여러 시설을 마련해놓은 곳.

圖章(도장) : 이름을 나무나 뼈 등에 새겨서, 인주를 묻힌 후 서류에 찍어 증거로 삼는 데 쓰는 물건.

無料(무료) : 요금이 필요 없음. 요금을 받지 않음.

洗手(세수) : 얼굴을 씻음.

藥局(약국) : 약사가 약을 조제하기도 하고 팔기도 하는 곳.

글자의 뜻과 음을 읽으며, 예쁘게 써보세요.

읽기 1학기 : 77쪽
읽기 2학기 :

工 場

장인 공	마당 장
一 丁 工	土 圻 圻 場

읽기 1학기 :
읽기 2학기 : 8쪽

鐵 道

쇠 철	길 도
釒 釒 鐮 鐵	䒑 首 首 道

읽기 1학기 : 74쪽 86쪽
읽기 2학기 :

學 生

배울 학	날 생
臼 與 學 學	ﾉ ﾉ 牛 生

읽기 1학기 : 10쪽 131쪽
읽기 2학기 :

公 園

공변될 공	동산 원
ﾉ 八 公 公	冂 門 園 園

읽기 1학기 : 68쪽
읽기 2학기 :

圖 章

그림 도	글 장
冂 門 圖 圖	亠 立 音 章

읽기 1학기 :
읽기 2학기 : 98쪽

無 料

없을 무	헤아릴 료
乞 無 無 無	丷 米 米 料

읽기 1학기 :
읽기 2학기 : 16쪽

洗 手

씻을 세	손 수
氵 沪 洗 洗	一 二 三 手

읽기 1학기 : 146쪽
읽기 2학기 :

藥 局

약 약	판 국
艹 首 藥 藥	尸 吊 局 局

예문을 읽으며 글자의 쓰임을 알아봅시다.

이렇게 하면, 많은 양의 물을 節約할 수 있다.

열전도가 잘 되지 않는 질그릇의 特性을 이용한 것이다.

그림을 그리면 畵室이 됩니다.

전부터 늘 보아 온 光景이었지만, 요즈음은 아버지의 그런 모습이 영신이는 싫었습니다.

세균이 생기는 것을 막아 주는 소금의 性質을 이용한 식품이다.

친절한 사람은 이웃에 희망과 勇氣를 불어넣어 준다.

막 책가방을 내려놓는데 朝會 시간을 알리는 종이 울렸다.

아이들은 合唱하듯 소리를 질렀습니다.

낱말 풀이

節約(절약) : 아껴 씀. 함부로 쓰지 않고 꼭 필요한 데에만 씀.

特性(특성) : 일정한 사물에만 있는 특수한 성질.

畵室(화실) : 화가 또는 조각가가 일을 하는 방.

光景(광경) : 어떤 장면의 모습. 벌어진 일의 형편이나 모양.

性質(성질) : 날 때부터 가지고 있는 본바탕이나 타고난 기질.

勇氣(용기) : 씩씩하고 굳센 기운.

朝會(조회) : 학교·관청 등에서 일을 시작하기 전에 인사나 그 밖의 주
의할 일 따위를 이르는 아침의 모임.

合唱(합창) : 같은 노래를 두 가지 이상의 다른 가락으로 나누어 서로 화
성을 이루며 여러 사람이 부르는 것.

글자의 뜻과 음을 읽으며, 예쁘게 써보세요.

읽기 1학기 :	읽기 1학기 : 27쪽	읽기 1학기 : 138쪽	읽기 1학기 :
읽기 2학기 : 16쪽	읽기 2학기 :	읽기 2학기 :	읽기 2학기 : 142쪽

節	約	特	性	畫	室	光	景
마디 절	맺을 약	특별할 특	성품 성	그림 화	집 실	빛 광	볕 경
竹笆笆節	纟糸約約	丿牜特特	丨忄忄性	聿書畫畫	宀宀宏室	业业光光	日旦昙景

읽기 1학기 : 77쪽	읽기 1학기 : 6쪽 11쪽	읽기 1학기 :	읽기 1학기 : 70쪽
읽기 2학기 :	읽기 2학기 :	읽기 2학기 : 42쪽	읽기 2학기 :

性	質	勇	氣	朝	會	合	唱
성품 성	바탕 질	날랠 용	기운 기	아침 조	모일 회	합할 합	노래 창
丨忄忄性	斦所質質	龴甬勇勇	仁气气氣	吉卓朝	人仒會會	人仝合合	口吅唱

오늘날에는 염전이 아닌 공장 ☐☐ 에서도 소금을 만들 수 있게 되었습니다.

미카는 철도 ☐☐ 박물관에서나 만날 수 있다.

우리는 이러한 일들을 잘 지켜서 모든 학생 ☐☐ 이 도서실을 편리하게 이용할 수 있도록 하여야 하겠습니다.

탑골 공원 ☐☐ 에서 시작된 독립 만세 운동이 바로 그것이었다.

현아와 내 가슴 속에는 하얀 나비가 도장 ☐☐ 처럼 꽉 찍혔습니다.

열매줍기 대회에 무료 ☐☐ 로 참가할 수 있는 자격을 준다고 한다.

양치를 하거나 세수 ☐☐ 를 할 때에는 양칫물을 컵에 받아서 쓰고 세숫물을 세면대에 받아서 쓰자.

집으로 돌아오는 길에 약국 ☐☐ 앞에서 옥수수 파는 할머니를 만났습니다.

이렇게 하면, 많은 양의 물을 절약□□ 할 수 있다.

열전도가 잘 되지 않는 질그릇의 특성□□ 을 이용한 것이다.

그림을 그리면 화실□□ 이 됩니다.

전부터 늘 보아 온 광경□□ 이었지만, 요즈음은 아버지의 그런 모

습이 영신이는 싫었습니다.

세균이 생기는 것을 막아 주는 소금의 성질□□ 을 이용한 식품이

다.

친절한 사람은 이웃에 희망과 용기□□ 를 불어넣어 준다.

막 책가방을 내려놓는데 조회□□ 시간을 알리는 종이 울렸다.

아이들은 합창□□ 하듯 소리를 질렀습니다.

예문을 읽으며 글자의 쓰임을 알아봅시다.

선생님은 출석부로 **教卓**을 탕탕 내리쳤다.

겨울에 방 안의 **室内** 공기를 따뜻하게 해 주는 중요한 구실을 하였다.

서울 정동에 있는 이화학당에 **入學**하였다.

독서를 하면 **知識**을 얻고 교양을 쌓을 수 있다.

이 곳 **會社**에서 만든 제품을 유럽 지역에 수출하였다.

새로운 **規則**을 만들어 더 재미있게 놀이를 할 계획이라고 합니다.

나는 무척 **失望**하였습니다.

책읽기를 좋아하고, **人情**도 많은 아이다.

낱말 풀이

教卓(교탁) : 교실에서 선생님이 공부를 가르칠 때 책 따위를 놓는, 교단 앞의 탁자.

室内(실내) : 방 안.

入學(입학) : 공부하기 위해 학교에 들어가 학생이 됨.

知識(지식) : 사물을 아는 마음의 작용.

會社(회사) : 돈을 벌기 위하여 만든 사업 단체.

規則(규칙) : 여러 사람이 지키기로 정해 놓은 약속.

失望(실망) : 희망을 잃어버림.

人情(인정) : 사람이 본래부터 가지고 있는 마음씨.

글자의 뜻과 음을 읽으며, 예쁘게 써보세요.

읽기 1학기 :
읽기 2학기 : 44쪽

教卓

가르칠 교	높을 탁
乂 耂 孝 教	上 卢 卢 卓

읽기 1학기 : 27쪽
읽기 2학기 :

室内

집 실	안 내
宀 宁 宏 室	丨 冂 内 内

읽기 1학기 : 9쪽
읽기 2학기 :

入學

들 입	배울 학
丿 入	臼 與 學 學

읽기 1학기 : 20쪽 26쪽
읽기 2학기 :

知識

알 지	알 식
一 仁 矢 知	言 計 誝 識

읽기 1학기 : 96쪽
읽기 2학기 :

會社

모일 회	모일 사
人 人 侖 會	亍 亓 社

읽기 1학기 : 94쪽
읽기 2학기 :

規則

법 규	법칙 칙
二 夫 担 規	冂 目 貝 則

읽기 1학기 : 148쪽
읽기 2학기 :

失望

잃을 실	바랄 망
一 仁 失 失	亠 亡 朝 望

읽기 1학기 :
읽기 2학기 : 104쪽

人情

사람 인	뜻 정
丿 人	丨 忄 情 情

예문을 읽으며 글자의 쓰임을 알아봅시다.

庭園을 아름답고 깨끗하게 만들어 주는 정원사라고 할 수 있다.

치료하기 힘든 患者라도 최선을 다하는 의사 선생님의 모습을 보고 감동을 받았어.

公開 수업에 부모님을 초대한다는 내용이었다.

불순물을 가라앉혀 食水 위생에 기여하였다.

순이네 집 屋上에는 항아리가 여러 개 있습니다.

학은 두루미의 種類 모두를 부르는 이름이기 때문에 적합한 명칭이 아니다.

자기들은 작은 꽃신 안에 갇혀서는 도저히 幸福해질 수 없다고 생각하였기 때문입니다.

우리 이웃 중에는 이웃의 일에 關心을 가지고 이웃의 일을 도와 주려고 애쓰는 친절한 사람이 있다.

낱말 풀이

庭園(정원) : 집 안에 나무 · 꽃 들을 가꾸어 놓은 마당.

患者(환자) : 병을 앓는 사람. 병든 사람.

公開(공개) : 여러 사람에게 널리 보임.

食水(식수) : 먹을 수 있는 물.

屋上(옥상) : 지붕 위.

種類(종류) : 물건의 같은 것과 다른 것을 각각 부문을 따라서 나눈 갈래.

幸福(행복) : 걱정이 없고 마음이 흡족하여 즐거운 상태.

關心(관심) : 어떤 일에 마음이 끌려서 흥미를 느끼는 일.

글자의 뜻과 음을 읽으며, 예쁘게 써보세요.

읽기 1학기 :		읽기 1학기 :135쪽		읽기 1학기 :		읽기 1학기 : 27쪽	
읽기 2학기 : 82쪽		읽기 2학기 :		읽기 2학기 :114쪽		읽기 2학기 :	
庭	園	患	者	公	開	食	水
뜰 정	동산 원	근심 환	사람 자	공변될 공	열 개	밥 식	물 수
广庄庭庭	冂門園園	口吕串患	土耂者者	丿八公公	冂門閂開	人仝食食	丿オ水水
庭	園	患	者	公	開	食	水

읽기 1학기 :102쪽		읽기 1학기 :18쪽 112쪽		읽기 1학기 :103쪽 142쪽		읽기 1학기 :73쪽 103쪽	
읽기 2학기 :		읽기 2학기 : 69쪽		읽기 2학기 : 60쪽 108쪽		읽기 2학기 :	
屋	上	種	類	幸	福	關	心
집 옥	위 상	씨 종	무리 류	다행 행	복 복	빗장 관	마음 심
尸尸层屋	丨卜上	禾種種種	米类類類	十圭幸幸	示礻祠福	門門關關	心心心
屋	上	種	類	幸	福	關	心

51

선생님은 출석부로 교탁 ☐☐ 을 탕탕 내리쳤다.

겨울에 방 안의 실내 ☐☐ 공기를 따뜻하게 해 주는 중요한 구실을

하였다.

서울 정동에 있는 이화학당에 입학 ☐☐ 하였다.

독서를 하면 지식 ☐☐ 을 얻고 교양을 쌓을 수 있다.

이 곳 회사 ☐☐ 에서 만든 제품을 유럽 지역에 수출하였다.

새로운 규칙 ☐☐ 을 만들어 더 재미있게 놀이를 할 계획이라고 합

니다.

나는 무척 실망 ☐☐ 하였습니다.

책읽기를 좋아하고, 인정 ☐☐ 도 많은 아이다.

정원 ☐☐ 을 아름답고 깨끗하게 만들어 주는 정원사라고 할 수 있

다.

치료하기 힘든 환자 ☐☐ 라도 최선을 다하는 의사 선생님의 모습을

보고 감동을 받았어.

공개 ☐☐ 수업에 부모님을 초대한다는 내용이었다.

불순물을 가라앉혀 식수 ☐☐ 위생에 기여하였다.

순이네 집 옥상 ☐☐ 에는 항아리가 여러 개 있습니다.

학은 두루미의 종류 ☐☐ 모두를 부르는 이름이기 때문에 적합한

명칭이 아니다.

자기들은 작은 꽃신 안에 갇혀서는 도저히 행복 ☐☐ 해질 수 없다

고 생각하였기 때문입니다.

우리 이웃 중에는 이웃의 일에 관심 ☐☐ 을 가지고 이웃의 일을 도

와 주려고 애쓰는 친절한 사람이 있다.

예문을 읽으며 글자의 쓰임을 알아봅시다.

거리에는 태극기를 든 사람들의 행렬이 巨大한 물결처럼 밀려들고 있었다.

浪費되는 물을 아끼는 방법을 생각하여 보자.

영만이를 한껏 無視하는 태도를 취한 것이다.

제비가 돌아와 은혜에 報答하고자 박씨를 하나 주었습니다.

번식지와 월동지에서도 夫婦가 새끼를 데리고 사는데, 이렇게 가족 무리로 생활하는 새는 많지 않다.

이 消息을 들은 놀부는 몹시 샘이 났습니다.

하수도에서는 惡臭가 났다.

히말라야 頂上에 도전하기도 하고, 별이나 달의 세계에 가 보고 싶어서 우주선을 만들기도 한다.

낱말 풀이

巨大(거대) : 엄청나게 큼.

浪費(낭비) : 시간·재물 따위를 헛되이 함부로 씀.

無視(무시) : 깔 봄. 업신여기고 상대하지 않음.

報答(보답) : 남의 두터운 호의나 은혜를 갚음.

夫婦(부부) : 남편과 아내.

消息(소식) : 안부나 형편을 알 수 있는 편지나 말.

惡臭(악취) : 나쁜 냄새. 불쾌한 냄새.

頂上(정상) : 산 위의 맨 꼭대기.

글자의 뜻과 음을 읽으며, 예쁘게 써보세요.

읽기 1학기 : 10쪽 읽기 2학기 :		읽기 1학기 : 읽기 2학기 : 17쪽 144쪽		읽기 1학기 : 읽기 2학기 : 102쪽		읽기 1학기 : 120쪽 읽기 2학기 : 41쪽	
巨	大	浪	費	無	視	報	答
클 거	큰 대	물결 랑	소비할 비	없을 무	볼 시	알릴 보	대답 답
一 厂 戶 巨	一 ナ 大	氵 氵 浪 浪	弓 弗 費 費	厂 血 無 無	亍 示 視 視	土 幸 報 報	竹 竺 笒 答

읽기 1학기 : 112쪽 읽기 2학기 :		읽기 1학기 : 120쪽 145쪽 읽기 2학기 : 135쪽		읽기 1학기 : 27쪽 읽기 2학기 : 6쪽		읽기 1학기 : 20쪽 읽기 2학기 :	
夫	婦	消	息	惡	臭	頂	上
지아비 부	아내 부	사라질 소	숨쉴 식	악할 악	냄새 취	정수리 정	위 상
一 二 夫 夫	女 妒 婦 婦	氵 氵 消 消	自 自 息	一 亞 亞 惡	自 自 臭	丁 丁 頂 頂	丨 卜 上

예문을 읽으며 글자의 쓰임을 알아봅시다.

나비는 次例로 사육 상자 문을 나섰습니다.

뜻밖에도 선생님의 목소리는 快活하였다.

지금은 왼씨름 하나로 統一되었으며, 이름도 바른 씨름으로 바뀌었다.

우리는 자동차 洪水 시대에 살고 있다.

'空冊'이라는 우리말이 있는데도 '노트'라고 한다든지, '열쇠'를 '키'라고 하는 것은 분명 잘못이다.

貸出받은 자료를 다른 사람에게 다시 빌려 주어서는 안 됩니다.

영신이 아버지께서는 요즈음 牧場에 일을 하러 다니십니다.

우리 모두가 교통질서를 잘 지킨다면 事故를 많이 줄일 수 있다.

낱말 풀이

次例(차례) : 둘 이상의 것을 일정하게 벌여 나가는 관계.

快活(쾌활) : 싹싹하고 활발함.

統一(통일) : 한데 뭉치어 하나가 됨.

洪水(홍수) : 장마가 져서 크게 불어난 물.

空冊(공책) : 무엇을 쓸 수 있도록 백지로 매어 놓은 책.

貸出(대출) : 돈이나 물건 따위를 빚으로 꾸어 줌.

牧場(목장) : 소나 말, 또는 양 따위의 가축을 많이 놓아 기르는 산이나 들판 같은 곳.

事故(사고) : 뜻밖에 일어난 사건이나 탈.

글자의 뜻과 음을 읽으며, 예쁘게 써보세요.

읽기 1학기 : 48쪽 68쪽
읽기 2학기 : 58쪽

次	例
버금 차	법식 례
`丶冫次次	亻伊例例

읽기 1학기 :
읽기 2학기 : 43쪽

快	活
쾌할 쾌	살 활
忄忄忙快	氵氵汗活

읽기 1학기 : 82쪽
읽기 2학기 :

統	一
거느릴 통	한 일
幺糸統統	一

읽기 1학기 : 22쪽
읽기 2학기 :

洪	水
클 홍	물 수
氵洪洪洪	刂刂水水

읽기 1학기 : 28쪽 74쪽
읽기 2학기 : 29쪽

空	冊
빌 공	책 책
宀穴空空	冂冂冊冊

읽기 1학기 : 74쪽
읽기 2학기 :

貸	出
빌릴 대	날 출
亻代貸貸	丨屮出出

읽기 1학기 :
읽기 2학기 : 143쪽

牧	場
칠 목	마당 장
牜牛牧牧	圢圢場場

읽기 1학기 : 22쪽 73쪽
읽기 2학기 :

事	故
일 사	연고 고
一言亖事	十古苫故

거리에는 태극기를 든 사람들의 행렬이 거대 ☐ ☐ 한 물결처럼 밀려

들고 있었다.

낭비 ☐ ☐ 되는 물을 아끼는 방법을 생각하여 보자.

영만이를 한껏 무시 ☐ ☐ 하는 태도를 취한 것이다.

제비가 돌아와 은혜에 보답 ☐ ☐ 하고자 박씨를 하나 주었습니다.

번식지와 월동지에서도 부부 ☐ ☐ 가 새끼를 데리고 사는데, 이렇게

가족 무리로 생활하는 새는 많지 않다.

이 소식 ☐ ☐ 을 들은 놀부는 몹시 샘이 났습니다.

하수도에서는 악취 ☐ ☐ 가 났다.

히말라야 정상 ☐ ☐ 에 도전하기도 하고, 별이나 달의 세계에 가 보

고 싶어서 우주선을 만들기도 한다.

58

나비는 차례 ☐ ☐ 로 사육 상자 문을 나섰습니다.

뜻밖에도 선생님의 목소리는 쾌활 ☐ ☐ 하였다.

지금은 왼씨름 하나로 통일 ☐ ☐ 되었으며, 이름도 바른 씨름으로

바뀌었다.

우리는 자동차 홍수 ☐ ☐ 시대에 살고 있다.

'공책 ☐ ☐ '이라는 우리말이 있는데도 '노트'라고 한다든지, '열

쇠'를 '키'라고 하는 것은 분명 잘못이다.

대출 ☐ ☐ 받은 자료를 다른 사람에게 다시 빌려 주어서는 안 됩니

다.

영신이 아버지께서는 요즈음 목장 ☐ ☐ 에 일을 하러 다니십니다.

우리 모두가 교통질서를 잘 지킨다면 사고 ☐ ☐ 를 많이 줄일 수 있

다.

예문을 읽으며 글자의 쓰임을 알아봅시다.

그 속에서 나온 것은 금은보화가 아니라 온갖 汚物이었습니다.

할아버지는 子息들이 모두 도시로 떠나 혼자 사시는 분이었습니다.

선생님의 말씀에 아이들은 淸掃할 곳을 나누어 맡았다.

두 사람은 원님에게 가서 判決을 받기로 하였다.

비어 있다는 것은 앞으로 무엇이든지 담을 수 있는 기회가 있다는 거예요. 希望이 있는 거지요.

이 녀석이 내가 숨겨 놓은 菓子를 다 먹어 버렸지 뭐야.

파리는 음식물에 病菌을 옮기고, 모기는 동물의 몸에 붙어 피를 빨아먹기도 하며 전염병을 옮기기도 한다.

그림과 寫眞에 나오는 나무의 모습도 자세히 살펴보았지만, 은근히 걱정이 되었다.

낱말 풀이

汚物(오물) : 지저분하고 더러운 물건.

子息(자식) : 자기의 아들이나 딸.

淸掃(청소) : 깨끗이 쓸고 닦음.

判決(판결) : 잘잘못을 가리어 결정함.

希望(희망) : 기대하여 바람. 앞 일에 대한 소망.

菓子(과자) : 밀가루 · 우유 · 버터 등을 써서 만든 간식용 식품.

病菌(병균) : 병을 일으키는 균.

寫眞(사진) : 사진기로 사람이나 물건, 또는 광경 등을 찍은 것.

글자의 뜻과 음을 읽으며, 예쁘게 써보세요.

읽기 1학기 : 120쪽 읽기 2학기 :		읽기 1학기 : 145쪽 읽기 2학기 :		읽기 1학기 : 130쪽 읽기 2학기 : 42쪽 118쪽		읽기 1학기 : 35쪽 읽기 2학기 :	
汚	物	子	息	淸	掃	判	決
더러울 **오**	만물 **물**	아들 **자**	숨쉴 **식**	맑을 **청**	쓸 **소**	판단할 **판**	결단할 **결**
氵氵汙汚	亻 牜 牞 物	ㄱ 了 子	亻 自 自 息	氵 沣 淸 淸	扌 扜 掃 掃	八 半 半 判	氵 江 決 決
汚	物	子	息	淸	掃	判	決

읽기 1학기 : 84쪽 106쪽 읽기 2학기 :		읽기 1학기 : 116쪽 129쪽 읽기 2학기 :		읽기 1학기 : 읽기 2학기 : 83쪽		읽기 1학기 : 86쪽 읽기 2학기 : 99쪽 102쪽	
希	望	菓	子	病	菌	寫	眞
바랄 **희**	바랄 **망**	과일 **과**	아들 **자**	병들 **병**	세균 **균**	베낄 **사**	참 **진**
ㄨ ㄥ 希 希	ㄴ 钅 玥 望	艹 苩 菓 菓	ㄱ 了 子	广 疒 病 病	艹 芇 菌 菌	宀 宔 寫 寫	ㄴ 旨 眞 眞
希	望	菓	子	病	菌	寫	眞

예문을 읽으며 글자의 쓰임을 알아봅시다.

우산을 쓸 때에는 앞을 가리지 않도록 雨傘을 들고, 자동차가 오는지 확인하며 걸어야 한다.

책에는 새로운 情報와 다양한 지식이 있다.

공개 수업에 부모님을 招待한다는 내용이었다.

보리싹이 자란 것을 보고 그 해 농사가 豊作일지 흉작일지를 점치기도 하였습니다.

거리에는 태극기를 든 사람들의 行列이 거대한 물결처럼 밀려들고 있었다.

이따가 姑母가 일하는 병원에 가서 치료받는다고 했어요.

파리는 있는 힘을 다하여 빠져 나가려고 하였지만 逃亡칠 수 없었습니다.

학은 두루미의 종류 모두를 부르는 이름이기 때문에 적합한 名稱이 아니다.

낱말 풀이

雨傘(우산) : 비를 맞지 않기 위해 손에 들고 머리 위에 받쳐 쓰는 우비의 한 가지.

情報(정보) : 정세에 관한 자세한 소식, 또는 그 내용이나 자료.

招待(초대) : 사람을 불러서 대접함.

豊作(풍작) : 풍년이 들어 모든 곡식이 잘 됨.

行列(행렬) : 여럿이 줄을 지어 감, 또는 그 줄.

姑母(고모) : 아버지의 여자 형제.

逃亡(도망) : 몰래 피하여 달아남. 쫓겨서 달아남.

名稱(명칭) : 사물을 부르는 이름. 일컫는 이름.

글자의 뜻과 음을 읽으며, 예쁘게 써보세요.

읽기 1학기 : 23쪽 읽기 2학기 :		읽기 1학기 : 20쪽 읽기 2학기 :		읽기 1학기 : 읽기 2학기 : 114쪽		읽기 1학기 : 17쪽 읽기 2학기 : 53쪽	
雨	傘	情	報	招	待	豊	作
비 우	우산 산	뜻 정	아릴 보	부를 초	기다릴 대	풍년 풍	지을 작
一 丆 雨 雨	入 仐 仐 傘	忄 忄 情 情	土 幸 軤 報	扌 扫 招 招	彳 往 待 待	曲 曲 豊 豊	亻 亻 竹 作

읽기 1학기 : 10쪽 읽기 2학기 :		읽기 1학기 : 읽기 2학기 : 120쪽		읽기 1학기 : 56쪽 읽기 2학기 :		읽기 1학기 : 112쪽 읽기 2학기 :	
行	列	姑	母	逃	亡	名	稱
다닐 행	벌릴 렬	시어미 고	어미 모	달아날 도	망할 망	이름 명	칭할 칭
丿 彳 彳 行	一 歹 列	女 妒 姑 姑	乚 母 母 母	丿 兆 逃	丶 亠 亡	丿 夕 夕 名	禾 稍 稻 稱

63

한글을 한자로 쓰세요.

그 속에서 나온 것은 금은보화가 아니라 온갖 오물 ☐☐ 이었습니다.

할아버지는 자식 ☐☐ 들이 모두 도시로 떠나 혼자 사시는 분이었습니다.

선생님의 말씀에 아이들은 청소 ☐☐ 할 곳을 나누어 맡았다.

두 사람은 원님에게 가서 판결 ☐☐ 을 받기로 하였다.

비어 있다는 것은 앞으로 무엇이든지 담을 수 있는 기회가 있다는 거예요. 희망 ☐☐ 이 있는 거지요.

이 녀석이 내가 숨겨 놓은 과자 ☐☐ 를 다 먹어 버렸지 뭐야.

파리는 음식물에 병균 ☐☐ 을 옮기고, 모기는 동물의 몸에 붙어 피를 빨아먹기도 하며 전염병을 옮기기도 한다.

그림과 사진 ☐☐ 에 나오는 나무의 모습도 자세히 살펴보았지만, 은근히 걱정이 되었다.

우산을 쓸 때에는 앞을 가리지 않도록 우산 □ □ 을 들고, 자동차가

오는지 확인하며 걸어야 한다.

책에는 새로운 정보 □ □ 와 다양한 지식이 있다.

공개 수업에 부모님을 초대 □ □ 한다는 내용이었다.

보리싹이 자란 것을 보고 그 해 농사가 풍작 □ □ 일지 흉작일지를

점치기도 하였습니다.

거리에는 태극기를 든 사람들의 행렬 □ □ 이 거대한 물결처럼 밀려

들고 있었다.

이따가 고모 □ □ 가 일하는 병원에 가서 치료받는다고 했어요.

파리는 있는 힘을 다하여 빠져 나가려고 하였지만 도망 □ □ 칠 수

없었습니다.

학은 두루미의 종류 모두를 부르는 이름이기 때문에 적합한 명칭 □

□ 이 아니다.

예문을 읽으며 글자의 쓰임을 알아봅시다.

전기 밥통은 保溫은 되나, 시간이 지나면 밥이 누렇게 변색되고 냄새도 난다.

중국에서는 稅金으로 소금을 징수한 때도 있었다.

그리고 牛乳, 콩, 멸치 등 단백질과 칼슘을 보충할 수 있는 음식을 골고루 먹는 것이 좋다.

놀이가 進行되면서 남아 있는 어린이들은 점점 줄어들게됩니다.

안쪽에 교실 漆板이 흐리게 보이고, 책상 위에 세 개의 탈이 서로 마주 보고 있다.

土器, 금관, 고려청자, 조선백자 등 많은 문화재가 전시되어 있다.

여기저기를 살펴보고 筆筒도 열어 보았다.

지구에서 가장 못생기고 凶測한 동물을 꼽으라면 아마도 악어를 꼽을 수 있는 것이다.

낱말 풀이

保溫(보온) : 온도를 일정하게 유지함.

稅金(세금) : 나라에서 쓰는 비용을 마련하기 위하여 국민으로부터 거두어들이는 돈.

牛乳(우유) : 암소의 젖. 밀크.

進行(진행) : 일을 처리하여 나아감.

漆板(칠판) : 검정이나 녹색 칠을 하여 분필로 글씨를 쓰게 만든 널빤지.

土器(토기) : 진흙으로 만들어 볕에 말리거나 불에 구운 오지 그릇. 흙으로 만든 그릇을 통틀어 일컫는 말.

筆筒(필통) : 지우개·연필 따위를 넣는 그릇.

凶測(흉측) : 몹시 흉악함.

글자의 뜻과 음을 읽으며, 예쁘게 써보세요.

읽기 1학기 : 26쪽
읽기 2학기 :

保	溫
지킬 보	따뜻할 온
亻 伢 伢 保	氵 沼 沼 溫

읽기 1학기 : 77쪽
읽기 2학기 :

稅	金
세금 세	쇠 금
禾 利 秒 稅	入 仐 金 金

읽기 1학기 : 86쪽
읽기 2학기 :

牛	乳
소 우	젖 유
丿 十 二 牛	乊 孚 孚 乳

읽기 1학기 : 94쪽
읽기 2학기 :

進	行
나아갈 진	다닐 행
亻 隹 隹 進	丿 彳 彳 行

읽기 1학기 : 114쪽
읽기 2학기 : 42쪽

漆	板
옻 칠	널조간 판
氵 汼 沐 漆	十 木 杉 板

읽기 1학기 : 28쪽
읽기 2학기 :

土	器
흙 토	그릇 기
一 十 土	吅 哭 哭 器

읽기 1학기 :
읽기 2학기 : 106쪽

筆	筒
붓 필	대롱 통
竻 笋 筆 筆	竹 竹 筒 筒

읽기 1학기 :
읽기 2학기 : 86쪽

凶	測
흉할 흉	잴 측
丿 乂 凶 凶	氵 沪 沮 測

예문을 읽으며 글자의 쓰임을 알아봅시다.

지난 어린이날 紀念 체육대회에서 3반과 우리 반이 피구 결승전을 할 때였어.

나는 너의 용감한 모습에 拍手를 보내고 싶었어.

이 곳 회사에서 만든 제품을 유럽 지역에 輸出하였다.

독서는 마음의 糧食이라고 한다.

우리가 證人을 설 테니까 한번 놀아 봐요.

유명한 齒科 의사에게 전화를 걸어, 자기의 이빨을 치료해 달라고 하였어.

아름다운 날개를 가진 나비가 誕生하려는 순간이었습니다.

밤에 개 짖는 소리는 주변 사람들에게 많은 被害를 줄 수 있다.

낱말 풀이

紀念(기념) : 어떤 일을 오래도록 전하여 잊지 않게 함.

拍手(박수) : 기쁘거나 찬성·환영을 할 때 손뼉을 여러 번 치는 일.

輸出(수출) : 외국으로 국내의 물건이나 기술을 팔아 내보냄.

糧食(양식) : 살아가는 데 필요한 먹을거리.

證人(증인) : 어떠한 일을 증명하기 위해 나서는 사람.

齒科(치과) : 이에 관한 병을 고치는 병원.

誕生(탄생) : 사람이 태어남. 특히 귀한 사람에게 씀.

被害(피해) : 재산·명예·신체상의 손해를 입음.

읽기 1학기 : 108쪽 읽기 2학기 :		읽기 1학기 : 108쪽 읽기 2학기 :		읽기 1학기 : 96쪽 읽기 2학기 :		읽기 1학기 : 20쪽 읽기 2학기 :	
紀	念	拍	手	輸	出	糧	食
벼리 기	생각할 념	칠 박	손 수	나를 수	날 출	양식 량	밥 식
幺 糸 紀 紀	人 今 今 念	扌 扩 拍 拍	一 二 三 手	車 軒 輪 輸	丨 中 出 出	米 粐 糧 糧	人 今 食 食

읽기 1학기 : 읽기 2학기 : 130쪽		읽기 1학기 : 135쪽 읽기 2학기 :		읽기 1학기 : 67쪽 읽기 2학기 :		읽기 1학기 : 읽기 2학기 : 18쪽	
證	人	齒	科	誕	生	被	害
증거 증	사람 인	이 치	과정 과	태어날 탄	날 생	입을 피	해칠 해
言 訂 諮 證	丿 人	止 齿 齒 齒	禾 利 科 科	言 証 誕 誕	一 ヒ 牛 生	衤 初 初 被	宀 宝 宝 害

한글을 한자로 쓰세요.

전기 밥통은 보온 ☐ ☐ 은 되나, 시간이 지나면 밥이 누렇게 변색되

고 냄새도 난다.

중국에서는 세금 ☐ ☐ 으로 소금을 징수한 때도 있었다.

그리고 우유 ☐ ☐ , 콩, 멸치 등 단백질과 칼슘을 보충할 수 있는 음

식을 골고루 먹는 것이 좋다.

놀이가 진행 ☐ ☐ 되면서 남아 있는 어린이들은 점점 줄어들게됩니

다.

안쪽에 교실 칠판 ☐ ☐ 이 흐리게 보이고, 책상 위에 세 개의 탈이

서로 마주 보고 있다.

토기 ☐ ☐ , 금관, 고려청자, 조선백자 등 많은 문화재가 전시되어

있다.

여기저기를 살펴보고 필통 ☐ ☐ 도 열어 보았다.

지구에서 가장 못생기고 흉측 □ □ 한 동물을 꼽으라면 아마도 악어

를 꼽을 수 있는 것이다.

지난 어린이날 기념 □ □ 체육대회에서 3 반과 우리 반이 피구 결

승전을 할 때였어.

나는 너의 용감한 모습에 박수 □ □ 를 보내고 싶었어.

이 곳 회사에서 만든 제품을 유럽 지역에 수출 □ □ 하였다.

독서는 마음의 양식 □ □ 이라고 한다.

우리가 증인 □ □ 을 설 테니까 한번 놀아 봐요.

유명한 치과 □ □ 의사에게 전화를 걸어, 자기의 이빨을 치료해 달

라고 하였어.

아름다운 날개를 가진 나비가 탄생 □ □ 하려는 순간이었습니다.

밤에 개 짖는 소리는 주변 사람들에게 많은 피해 □ □ 를 줄 수 있다.

예문을 읽으며 글자의 쓰임을 알아봅시다.

그러니 許諾해 주세요, 네?

자료를 집으로 가져가고 싶을 때에는 대출부에 記錄하고 빌려갑니다.

씨름은 주로 端午와 추석에 즐겨 하였지만 농한기에도 성행하였다.

迷信이기는 하지만, 금줄이 대문에 걸려 있는 동안은 송아지를 빼앗아 가지는 못하실 것입니다.

기관사님 혹시 제가 너무 느려서 不滿스러우신 적은 없었어요?

우리말로 시를 쓰는 詩人이 되어라.

내가 너를 다시 運轉할 수 있는 날이 올까?

地震으로 몸을 흔들기도 하고, 화산을 폭발시켜 하늘에다 내뿜기도 하였다.

낱말 풀이

許諾(허락) : 부탁한 것을 들어줌.

記錄(기록) : 사실을 적음. 또는 사실을 적은 서류.

端午(단오) : 우리 나라 명절의 하나. 음력 5월 5일.

迷信(미신) : 과학적 근거가 없는 것을 망령되게 믿음.

不滿(불만) : 마음에 차지 않거나 마땅하지 않음.

詩人(시인) : 시를 잘 짓는 사람. 시를 짓는 일을 직업으로 삼는 사람.

運轉(운전) : 기계나 수레 따위를 움직이어 굴림.

地震(지진) : 땅 속의 어떤 힘에 의하여 크게 울리고 갈라지는 현상.

글자의 뜻과 음을 읽으며, 예쁘게 써보세요.

읽기 1학기 : 105쪽
읽기 2학기 :

許	諾
허락할 허	대답할 락
言 言 許 許	言 計 諾 諾

읽기 1학기 : 28쪽 74쪽
읽기 2학기 : 69쪽

記	錄
기록할 기	기록할 록
言 計 記 記	金 釒 鈩 錄

읽기 1학기 : 83쪽
읽기 2학기 :

端	午
바를 단	낮 오
㇉ 端 端 端	ノ ㇒ 二 午

읽기 1학기 :
읽기 2학기 : 137쪽

迷	信
미혹할 미	믿을 신
㇐ 半 米 迷	イ 信 信 信

읽기 1학기 : 38쪽 110쪽
읽기 2학기 : 6쪽 11쪽

不	滿
아니 불	찰 만
一 ㇁ 不 不	氵 汁 滿 滿

읽기 1학기 :
읽기 2학기 : 47쪽

詩	人
시 시	사람 인
言 計 詩 詩	ノ 人

읽기 1학기 :
읽기 2학기 : 8쪽

運	轉
돌 운	구를 전
㇇ 宣 軍 運	車 軒 轉 轉

읽기 1학기 :
읽기 2학기 : 6쪽

地	震
땅 지	벼락 진
土 圠 地 地	雨 雪 震 震

예문을 읽으며 글자의 쓰임을 알아봅시다.

齒藥, 모기향 등 여러 가지 물건이 가득 들어 있습니다.

화산을 爆發시켜 하늘에다 내뿜기도 하였다.

늘 웃음소리가 끊이지 않는 和睦한 가정이었다.

우리 겨레의 얼과 氣像이 담겨 있는 씨름은 더욱 아끼고 사랑하여, 세계
적인 운동경기로 발전시켜 나가야 할 것이다.

새로 擔任이된 다나카 선생님은 지각하는 걸 가장 싫어한다.

원숭이들은 모두 滿足해하며 고개를 끄덕였습니다.

우주선이 달의 반대편을 飛行하기 전까지는 달의 뒤편을 본 사람이 아
무도 없었다.

賞狀을 꺼내는데 초청장이 딸려 나와 어머니 앞에 툭 떨어지고 말았다.

낱말 풀이

齒藥(치약) : 이를 닦는 데 쓰는 약.

爆發(폭발) : 불을 일으키며 갑작스럽게 터짐.

和睦(화목) : 서로 뜻이 맞고 정다움.

氣像(기상) : 사람의 타고난 품성과 정의로운 용기.

擔任(담임) : 어떤 일을 책임지고 맡아봄. 또는 맡아 보는 사람.

滿足(만족) : 마음이 흐뭇하여 모자람이 없음.

飛行(비행) : 하늘을 날아다님.

賞狀(상장) : 상 주는 뜻을 나타내는 증서.

글자의 뜻과 음을 읽으며, 예쁘게 써보세요.

읽기 1학기 : 144쪽 읽기 2학기 :		읽기 1학기 : 읽기 2학기 : 6쪽		읽기 1학기 : 8쪽 읽기 2학기 :		읽기 1학기 : 83쪽 읽기 2학기 :	
齒	藥	爆	發	和	睦	氣	像
이 **치**	약 **약**	터질 **폭**	쏠 **발**	화할 **화**	화목할 **목**	기운 **기**	형상 **상**
止 产 齒 齒	艹 苩 薻 藥	火 焙 焊 爆	フ パ 癶 發	二 千 禾 和	日 旷 睦 睦	广 气 气 氣	亻 伫 佟 像

읽기 1학기 : 읽기 2학기 : 42쪽		읽기 1학기 : 110쪽 읽기 2학기 :		읽기 1학기 : 92쪽 읽기 2학기 :		읽기 1학기 : 읽기 2학기 : 114쪽	
擔	任	滿	足	飛	行	賞	狀
멜 **담**	맡길 **임**	찰 **만**	발 **족**	날 **비**	다닐 **행**	상줄 **상**	문서 **장**
扌 扩 护 擔	亻 仁 仟 任	氵 汁 滿 滿	口 무 무 足	飞 飞 飛 飛	彳 彳 彳 行	尚 赏 赏 賞	丬 状 狀 狀

그러니 허락 ☐ ☐ 해 주세요, 네?

자료를 집으로 가져가고 싶을 때에는 대출부에 기록 ☐ ☐ 하고 빌려

갑니다.

씨름은 주로 단오 ☐ ☐ 와 추석에 즐겨 하였지만 농한기에도 성행하

였다.

미신 ☐ ☐ 이기는 하지만, 금줄이 대문에 걸려 있는 동안은 송아지

를 빼앗아 가지는 못하실 것입니다.

기관사님 혹시 제가 너무 느려서 불만 ☐ ☐ 스러우신 적은 없었어

요?

우리말로 시를 쓰는 시인 ☐ ☐ 이 되어라.

내가 너를 다시 운전 ☐ ☐ 할 수 있는 날이 올까?

지진 ☐ ☐ 으로 몸을 흔들기도 하고, 화산을 폭발시켜 하늘에다 내

뿜기도 하였다.

치약 □ □ , 모기향 등 여러 가지 물건이 가득 들어 있습니다.

화산을 폭발 □ □ 시켜 하늘에다 내뿜기도 하였다.

늘 웃음소리가 끊이지 않는 화목 □ □ 한 가정이었다.

우리 겨레의 얼과 기상 □ □ 이 담겨 있는 씨름은 더욱 아끼고 사랑

하여, 세계적인 운동경기로 발전시켜 나가야 할 것이다.

새로 담임 □ □ 이된 다나카 선생님은 지각하는 걸 가장 싫어한다.

원숭이들은 모두 만족 □ □ 해하며 고개를 끄덕였습니다.

우주선이 달의 반대편을 비행 □ □ 하기 전까지는 달의 뒤편을 본

사람이 아무도 없었다.

상장 □ □ 을 꺼내는데 초청장이 딸려 나와 어머니 앞에 툭 떨어지

고 말았다.

肉食 동물인 악어는 사람을 해치는 것은 물론이고 짐승이나 물고기들을 닥치는 대로 먹어치운다.

어린 원님은 고을일도 잘 돌보고 지혜로워서 사람들에게 尊敬을 받았습니다.

다른 친구들도 贊成하였다.

무겁던 가방이 風船처럼 가벼웠다.

신발에 묻혀 가면 玄關 더러워진다고 아빠한테 꾸중들으니까요.

그렇지만 쉽사리 決論이 나지 않았습니다.

히말라야 정상에 挑戰하기도 하고, 별이나 달의 세계에 가 보고 싶어서 우주선을 만들기도 한다.

우리 송아지 不淨타지 말고 무럭 무럭 자라라고 금줄을 쳐야지.

낱말 풀이

肉食(육식) : 짐승의 고기를 먹음.

尊敬(존경) : 높이어 공손히 섬김.

贊成(찬성) : 자기도 그렇게 하는 것이 좋다고 함. 옳다고 동의함.

風船(풍선) : 종이·고무·비닐 따위로 만든 주머니 속에 공기나 수소를 넣어 공중에 높이 올리는 물건.

玄關(현관) : 서양식 집의 주된 출입구에 낸 문간.

決論(결론) : 의논의 가부와 시비를 따지어 결정함. 또는 그 결정된 의론.

挑戰(도전) : 싸움을 걺.

不淨(부정) : 깨끗하지 못함.

글자의 뜻과 음을 읽으며, 예쁘게 써보세요.

읽기 1학기 :
읽기 2학기 : 86쪽

肉 食

고기 **육** | 밥 **식**

门 内 内 肉 | 人 人 食 食

읽기 1학기 : 50쪽 153쪽
읽기 2학기 :

尊 敬

높을 **존** | 공경할 **경**

八 酋 酋 尊 | 艹 苟 苟 敬

읽기 1학기 :
읽기 2학기 : 84쪽

贊 成

도울 **찬** | 이룰 **성**

兂 兟 贊 贊 | 厂 厉 成 成

읽기 1학기 :
읽기 2학기 : 116쪽

風 船

바람 **풍** | 배 **선**

丿 几 凤 風 | 月 舟 舟 船

읽기 1학기 :
읽기 2학기 : 24쪽

玄 關

검을 **현** | 빗장 **관**

丶 亠 玄 玄 | 門 門 關 關

읽기 1학기 : 153쪽
읽기 2학기 :

決 論

결단할 **결** | 논의할 **론**

氵 江 決 決 | 言 計 論 論

읽기 1학기 : 20쪽
읽기 2학기 :

挑 戰

끌어낼 **도** | 싸울 **전**

扌 扌 挑 挑 | 罒 單 單 戰

읽기 1학기 :
읽기 2학기 : 137쪽

不 淨

아닐 **부** | 깨끗할 **정**

一 丆 不 不 | 氵 氵 淨 淨

예문을 읽으며 글자의 쓰임을 알아봅시다.

우리 주변에서 할 수 있는 손쉬운 일부터 한 가지씩 實踐하여 보자.

단단하고 긴 부리와 軟弱한 듯 곧게 뻗은 긴 목,

송아지를 볼 資格도 없다는 생각이 들었지만, 동해는 아버지를 따라 외양간으로 갔습니다.

우리가 이웃의 處地에서 생각하는 습관을 가진다면 서로 가까운 이웃으로 지낼 수 있다.

문화재의 特徵이나 역사적 사실을 적어 보자.

날씨가 和暢한 토요일, 정은이네 반에서는 교실 대청소를 하였다.

원님의 아버지가 高喊을 치자 원님은 깜짝 놀라 달려왔다.

흰 두루미는 세계 어느 나라에서나 귀한 새로 待接받고 있다.

낱말 풀이

實踐(실천) : 실제로 이행함.

軟弱(연약) : 무르고 약함.

資格(자격) : 어떠한 신분이나 지위를 가지는 데 필요한 조건.

處地(처지) : 자기가 놓여 있는 경우나 환경.

特徵(특징) : 다른 것에 비겨서 특별히 눈에 띄게 다른 점.

和暢(화창) : 날씨나 마음씨가 부드럽고 따뜻하며 맑음.

高喊(고함) : 크게 외치는 소리. 크게 부르짖는 소리.

待接(대접) : 예를 차리어 맞이함.

글자의 뜻과 음을 읽으며, 예쁘게 써보세요.

읽기 1학기 : 29쪽 69쪽
읽기 2학기 : 15쪽 17쪽

實	踐
열매 실	밟을 천
宀宀宵實實	口묘踐踐

읽기 1학기 : 112쪽
읽기 2학기 :

軟	弱
연할 연	약할 약
亘車軟軟	弓弓弱弱

읽기 1학기 : 98쪽
읽기 2학기 : 135쪽

資	格
재물 자	바로잡을 격
次次資資	木杉格格

읽기 1학기 : 6쪽
읽기 2학기 :

處	地
곳 처	땅 지
广虍處處	土圵地地

읽기 1학기 : 29쪽
읽기 2학기 :

特	徵
특별할 특	부를 징
牛牛特特	彳徍徎徵

읽기 1학기 :
읽기 2학기 : 118쪽

和	暢
화할 화	화창할 창
千禾和和	申旦暘暢

읽기 1학기 : 36쪽
읽기 2학기 :

高	喊
높을 고	소리칠 함
亠言高高	口叮咸喊

읽기 1학기 : 112쪽
읽기 2학기 :

待	接
기다릴 대	사귈 접
彳往待待	扌护拉接

육식 ☐ ☐ 동물인 악어는 사람을 해치는 것은 물론이고 짐승이나

물고기들을 닥치는 대로 먹어치운다.

어린 원님은 고을일도 잘 돌보고 지혜로워서 사람들에게 존경 ☐ ☐

을 받았습니다.

다른 친구들도 찬성 ☐ ☐ 하였다.

무겁던 가방이 풍선 ☐ ☐ 처럼 가벼웠다.

신발에 묻혀 가면 현관 ☐ ☐ 더러워진다고 아빠한테 꾸중들으니까

요.

그렇지만 쉽사리 결론 ☐ ☐ 이 나지 않았습니다.

히말라야 정상에 도전 ☐ ☐ 하기도 하고, 별이나 달의 세계에 가 보

고 싶어서 우주선을 만들기도 한다.

우리 송아지 부정 ☐ ☐ 타지 말고 무럭 무럭 자라라고 금줄을 쳐야지.

우리 주변에서 할 수 있는 손쉬운 일부터 한 가지씩 실천 ☐ ☐ 하여

보자.

단단하고 긴 부리와 연약 ☐ ☐ 한 듯 곧게 뻗은 긴 목,

송아지를 볼 자격 ☐ ☐ 도 없다는 생각이 들었지만, 동해는 아버지

를 따라 외양간으로 갔습니다.

우리가 이웃의 처지 ☐ ☐ 에서 생각하는 습관을 가진다면 서로 가까

운 이웃으로 지낼 수 있다.

문화재의 특징 ☐ ☐ 이나 역사적 사실을 적어 보자.

날씨가 화창 ☐ ☐ 한 토요일, 정은이네 반에서는 교실 대청소를 하

였다.

원님의 아버지가 고함 ☐ ☐ 을 치자 원님은 깜짝 놀라 달려왔다.

흰 두루미는 세계 어느 나라에서나 귀한 새로 대접 ☐ ☐ 받고 있다.

예문을 읽으며 글자의 쓰임을 알아봅시다.

步道는 사람들만 다닐 수 있도록 만들어 놓은 안전한 길이다.

우리가 이웃의 처지에서 생각하는 習慣을 가진다면 서로 가까운 이웃으로 지낼 수 있다.

예방주사 놓으려고 醫師 선생님이 들어오셨다.

注射를 맞기도 전에 유리창에 내 눈물이…….

그 家畜들을 잘 번식시키기 위하여 윷놀이를 하였다고 한다.

사촌 언니와 함께 同志들을 모으고, 독립 만세를 부를 계획을 치밀하게 세웠다.

병사들의 俸給으로 소금을 주기도 하였고, 중국에서는 세금으로 소금을 징수한 때도 있었다.

富強한 나라를 만드는 방법 등 백성과 나라를 사랑하는 선생의 뜻이 담겨 있습니다.

낱말 풀이

步道(보도) : 사람이 걸어다니는 길.

習慣(습관) : 몸에 밴 버릇.

醫師(의사) : 병든 사람의 진찰과 치료를 직업으로 하는 사람.

注射(주사) : 약물을 주사기에 넣어 근육이나 혈관 등에 넣는 일.

家畜(가축) : 소·말·양·돼지·닭 따위와 같이 집에서 기르는 짐승.

同志(동지) : 뜻을 서로 같이하는 일, 또는 그런 사람.

俸給(봉급) : 일정한 업무에 계속 근무하는 대가로 받는 일정한 돈.

富強(부강) : 백성의 살림이 넉넉하고 군대의 힘이 강함.

글자의 뜻과 음을 읽으며, 예쁘게 써보세요.

읽기 1학기 : 22쪽
읽기 2학기 :

步	道
걸음 보	길 도
ㅏ ㅏ 止 步	ㅛ 首 首 道

읽기 1학기 : 6쪽
읽기 2학기 :

習	慣
익힐 습	버릇 관
켜 羽 習 習	忄 怌 慣 慣

읽기 1학기 : 86쪽 135쪽
읽기 2학기 :

醫	師
의원 의	스승 사
医 医 殹 醫	亻 自 師 師

읽기 1학기 : 48쪽
읽기 2학기 :

注	射
물댈 주	쏠 사
氵 汁 注 注	′ 身 射 射

읽기 1학기 : 18쪽
읽기 2학기 :

家	畜
집 가	기를 축
宀 宇 家 家	亠 亠 玄 畜

읽기 1학기 : 10쪽
읽기 2학기 :

同	志
한가지 동	뜻 지
丨 冂 冋 同	十 士 志 志

읽기 1학기 : 77쪽
읽기 2학기 :

俸	給
녹 봉	공급할 급
亻 仁 俸 俸	幺 糸 給 給

읽기 1학기 : 126쪽
읽기 2학기 :

富	强
부자 부	굳셀 강
宀 宇 宣 富	弓 弜 弨 强

예문을 읽으며 글자의 쓰임을 알아봅시다.

아파트 階段에 앉아서 하루를 꼬박 훌쩍이며 보냈다.

할머니께서도 어지간히 심심하셨던 模樣입니다.

그릇 자체가 흡수하여 신선한 밥맛을 保存하는 위생적인 그릇이다.

우리에게 말이 없어진다는 것은 想像만 해도 끔찍한 일이다.

그래서 실학을 研究하고, 서양의 과학기술을 받아들여 여러 가지 기계
를 만들기도 하였습니다.

자동차가 완전히 멈추었을 때에 周圍를 살피며 건넌다.

물건들이 가득 쌓인 倉庫 구석에 하얀 빨랫비누가 여러 장 놓여 있었습
니다.

자기들 맘대로 包裝을 뜯어 껌을 나누어 먹으면서 이번에는 책가방을
뒤지기 시작하였다.

낱말 풀이

階段(계단) : 층층대.

模樣(모양) : 사람이나 물건의 생김새.

保存(보존) : 잘 지니어 잃지 않도록 함.

想像(상상) : 마음 속으로 그리며 미루어 생각함.

研究(연구) : 어떠한 사물에 대하여 깊이 생각하거나 조사하여 이치를 밝
혀 냄.

周圍(주위) : 어떤 곳의 바깥 둘레.

倉庫(창고) : 물건을 간직하여 두는 집.

包裝(포장) : 물건을 종이·판지 따위로 싸서 꾸림.

글자의 뜻과 음을 읽으며, 예쁘게 써보세요.

읽기 1학기 :
읽기 2학기 : 105쪽

階	段
층계 **계**	구분 **단**
⻖ ⻖ ⻖ 階 階	⻖ ⻖ ⻖ 段

읽기 1학기 :
읽기 2학기 : 68쪽 119쪽

模	樣
법 **모**	모양 **양**
木 ⺭ 模 模	木 ⺭ 樣 樣

읽기 1학기 : 27쪽 28쪽
읽기 2학기 :

保	存
지킬 **보**	있을 **존**
亻 伊 伊 保	一 ナ 才 存

읽기 1학기 : 73쪽
읽기 2학기 : 84쪽

想	像
생각할 **상**	형상 **상**
一 木 相 想	亻 伊 像 像

읽기 1학기 : 125쪽
읽기 2학기 :

研	究
갈 **연**	연구할 **구**
石 研 研 研	` 宀 宊 究

읽기 1학기 : 22쪽 86쪽
읽기 2학기 : 128쪽

周	圍
두루 **주**	둘레 **위**
) 刀 用 周	冂 門 周 圍

읽기 1학기 : 146쪽
읽기 2학기 : 146쪽

創	庫
비롯할 **창**	창고 **고**
ノ 合 倉 創	一 广 庐 庫

읽기 1학기 :
읽기 2학기 : 105쪽

包	裝
쌀 **포**	꾸밀 **장**
ノ ク 勹 包	爿 壯 裝 裝

보도 □□ 는 사람들만 다닐 수 있도록 만들어 놓은 안전한 길이다.

우리가 이웃의 처지에서 생각하는 습관 □□ 을 가진다면 서로 가까

운 이웃으로 지낼 수 있다.

예방주사 놓으려고 의사 □□ 선생님이 들어오셨다.

주사 □□ 를 맞기도 전에 유리창에 내 눈물이…….

그 가축 □□ 들을 잘 번식시키기 위하여 윷놀이를 하였다.

사촌 언니와 함께 동지 □□ 들을 모으고, 독립 만세를 부를 계획을

치밀하게 세웠다.

병사들의 봉급 □□ 으로 소금을 주기도 하였고, 중국에서는 세금으

로 소금을 징수한 때도 있었다.

부강 □□ 한 나라를 만드는 방법 등 백성과 나라를 사랑하는 선생

의 뜻이 담겨 있습니다.

아파트 계단 ☐☐ 에 앉아서 하루를 꼬박 홀쩍이며 보냈다.

할머니께서도 어지간히 심심하셨던 모양 ☐☐ 입니다.

그릇 자체가 흡수하여 신선한 밥맛을 보존 ☐☐ 하는 위생적인 그릇

이다.

우리에게 말이 없어진다는 것은 상상 ☐☐ 만 해도 끔찍한 일이다.

그래서 실학을 연구 ☐☐ 하고, 서양의 과학기술을 받아들여 여러

가지 기계를 만들기도 하였습니다.

자동차가 완전히 멈추었을 때에 주위 ☐☐ 를 살피며 건넌다.

물건들이 가득 쌓인 창고 ☐☐ 구석에 하얀 빨랫비누가 여러 장 놓

여 있었습니다.

자기들 맘대로 포장 ☐☐ 을 뜯어 껌을 나누어 먹으면서 이번에는

책가방을 뒤지기 시작하였다.

예문을 읽으며 글자의 쓰임을 알아봅시다.

자동차가 오는지 確認하며 걸어야 한다.

새로운 규칙을 만들어 더 재미있게 놀이를 할 計劃이라고 합니다.

빗방울들은 難處하였습니다.

고운 丹楓 옷을 입고 있던 나무들은 하나 둘 옷을 벗기 시작하였습니다.

아저씨의 검게 탄 얼굴에는 넉넉한 微笑가 흐릅니다.

정해진 기간 안에 返納하여야 합니다.

細菌이 생기는 것을 막아 주는 소금의 성질을 이용한 식품이다.

제비가 돌아와 恩惠에 보답하고자 박씨를 하나 주었습니다.

낱말 풀이

確認(확인) : 확실히 알아봄.

計劃(계획) : 어떤 일을 시작하기 전에 방법 등을 미리 생각한 내용.

難處(난처) : 이럴 수도 없고 저럴 수도 없어 처지가 곤란함.

丹楓(단풍) : 늦가을에 빛깔이 붉고 누렇게 변한 나뭇잎.

微笑(미소) : 소리를 내지 않고 빙긋이 웃는 웃음.

返納(반납) : 꾸거나 빌린 것을 도로 돌려줌.

細菌(세균) : 1개의 세포로 된 간단한 미생물. 너무 작아서 현미경으로만

　　　　　　볼 수 있으며 병을 일으키는 것도 있음.

恩惠(은혜) : 베풀어 주는 혜택.

글자의 뜻과 음을 읽으며, 예쁘게 써보세요.

읽기 1학기: 23쪽 27쪽 읽기 2학기: 102쪽		읽기 1학기: 10쪽 94쪽 읽기 2학기:		읽기 1학기: 40쪽 읽기 2학기:		읽기 1학기: 읽기 2학기: 58쪽	
確	認	計	劃	難	處	丹	楓
굳을 **확**	알 **인**	셈할 **계**	그을 **획**	어려울 **난**	곳 **처**	붉을 **단**	단풍나무 **풍**
石 矿 砳 確	言 言 認認	言 言 言計	畫書畫劃	苩 苩 蘴難	广 卢 處處	丿 刀 刀丹	木 杉 枫楓

읽기 1학기: 144쪽 읽기 2학기: 7쪽		읽기 1학기: 74쪽 읽기 2학기:		읽기 1학기: 77쪽 읽기 2학기:		읽기 1학기: 120쪽 읽기 2학기: 53쪽 116쪽	
微	笑	返	納	細	菌	恩	惠
작을 **미**	웃을 **소**	돌아올 **반**	들일 **납**	가늘 **세**	세균 **균**	은혜 **은**	은혜 **혜**
彳 徃 徺微	竺 笁 竺笑	一 厂 反返	幺 糸 紻納	幺 糸 細細	艹 苩 菌菌	冂 冈 因恩	一 曰 軎惠

예문을 읽으며 글자의 쓰임을 알아봅시다.

사나운 짐승에게 잡아먹힐 危險도 없고, 힘든 일도 안 하지.

둘은 서로 자기에게는 잘못이 없다고 싸우다가 까치에게 裁判을 받기로 하였다.

흙에서 곡식도 나고, 菜蔬도 나고, 과일 나무도 나고, 풀도 나고, 꽃도 나지.

아버지께서 退勤길에 헌 자전거 한 대를 끌고 오셨습니다.

그러나 몸만 疲困해질 뿐 아무 소용이 없었다.

도서실에서는 恒常 조용히 하여야 합니다.

여러 가지 機械를 만들기도 하였습니다.

謀陷을 받아 열여덟 해 동안 외롭고 힘든 귀양살이를 하였습니다.

낱말 풀이

危險(위험) : 위태로움. 안전하지 못함.

裁判(재판) : 옳고 그름을 살피어서 판단함.

菜蔬(채소) : 온갖 푸성귀.

退勤(퇴근) : 직장에서 근무를 마치고 나옴.

疲困(피곤) : 몹시 지쳐서 기운이 풀리고 몸이 나른함.

恒常(항상) : 언제나. 늘.

機械(기계) : 여러 가지 부분이 조직적으로 장치되어 증기·전기 따위의 힘에 의하여 일정한 운동을 되풀이하며 일을 하는 장치.

謀陷(모함) : 여러 가지 꾀를 써서 남을 어려움에 빠지게 함.

글자의 뜻과 음을 읽으며, 예쁘게 써보세요.

읽기 1학기 : 22쪽 130쪽
읽기 2학기 : 86쪽

危	險
위태할 **위**	험할 **험**
゚ ゚ ゚ 产 危	゚ 阝 阶 险 險

읽기 1학기 : 12쪽 57쪽
읽기 2학기 :

裁	判
마를 **재**	판단할 **판**
土 耂 栽 裁	⌒ ⌒ ⌒ 半 判

읽기 1학기 :
읽기 2학기 : 26쪽 27쪽

菜	蔬
나물 **채**	나물 **소**
艹 艹 莁 菜	艹 萗 菇 蔬

읽기 1학기 : 147쪽
읽기 2학기 :

退	勤
물러날 **퇴**	부지런할 **근**
丨 尸 艮 退	苩 苩 堇 勤

읽기 1학기 :
읽기 2학기 : 6쪽

疲	困
피곤할 **피**	괴로울 **곤**
广 疒 疖 疲	冂 m 用 困 困

읽기 1학기 : 92쪽 130쪽
읽기 2학기 : 10쪽 118쪽

恒	常
항상 **항**	항상 **상**
忄 忄 恒 恒	艹 屵 常 常

읽기 1학기 : 125쪽
읽기 2학기 :

機	械
기계 **기**	기계 **계**
木 樸 櫟 機	木 栌 栩 械

읽기 1학기 : 126쪽
읽기 2학기 :

謨	陷
꾀할 **모**	빠질 **함**
言 誁 謚 謨	阝 阽 陷 陷

자동차가 오는지 확인 ☐☐ 하며 걸어야 한다.

새로운 규칙을 만들어 더 재미있게 놀이를 할 계획 ☐☐ 이라고 합니다.

빗방울들은 난처 ☐☐ 하였습니다.

고운 단풍 ☐☐ 옷을 입고 있던 나무들은 하나 둘 옷을 벗기 시작하였습니다.

아저씨의 검게 탄 얼굴에는 넉넉한 미소 ☐☐ 가 흐릅니다.

정해진 기간 안에 반납 ☐☐ 하여야 합니다.

세균 ☐☐ 이 생기는 것을 막아 주는 소금의 성질을 이용한 식품이다.

제비가 돌아와 은혜 ☐☐ 에 보답하고자 박씨를 하나 주었습니다.

사나운 짐승에게 잡아먹힐 위험 ☐ ☐ 도 없고, 힘든 일도 안 하지.

둘은 서로 자기에게는 잘못이 없다고 싸우다가 까치에게 재판 ☐ ☐

을 받기로 하였다.

흙에서 곡식도 나고, 채소 ☐ ☐ 도 나고, 과일 나무도 나고, 풀도 나

고, 꽃도 나지.

아버지께서 퇴근 ☐ ☐ 길에 헌 자전거 한 대를 끌고 오셨습니다.

그러나 몸만 피곤 ☐ ☐ 해질 뿐 아무 소용이 없었다.

도서실에서는 항상 ☐ ☐ 조용히 하여야 합니다.

여러 가지 기계 ☐ ☐ 를 만들기도 하였습니다.

모함 ☐ ☐ 을 받아 열여덟 해 동안 외롭고 힘든 귀양살이를 하였습

니다.

예문을 읽으며 글자의 쓰임을 알아봅시다.

이 항아리는 관가에 保管하겠다.

고을 원님으로 나갔던 젊은이는 昇進하여 감사로 나가게 되었다.

나무 패에는 일본말로 '違反'이라고 쓰여 있었다.

성장통의 원인은 精確하게 밝혀지지 않았지만,

제비 다리를 일부러 부러뜨리고 治療를 해 주었습니다.

차도와 보도가 구분되지 않은 길은 매우 混雜해서 사고의 위험이 크다.

저 고물 자전거는 故障도 안 나네.

舞臺가 다시 어두워진다.

낱말 풀이

保管(보관) : 물건 따위를 잘 간수하는 일.

昇進(승진) : 직위가 오름.

違反(위반) : 정한 것을 어김.

精確(정확) : 바르고 확실함. 틀림이 없음.

治療(치료) : 병이나 다친 데를 고치기 위하여 손을 씀.

混雜(혼잡) : 한데 섞여 복잡함.

故障(고장) : 사고로 생기는 탈.

舞臺(무대) : 노래·춤·연극 등을 하기 위하여 높게 만들어 놓은 단.

글자의 뜻과 음을 읽으며, 예쁘게 써보세요.

읽기 1학기 : 35쪽
읽기 2학기 :

保	管
지킬 **보**	대롱 **관**
亻 伻 伻 保	⺮ 竹 笁 管
保	管

읽기 1학기 : 84쪽
읽기 2학기 :

昇	進
오를 **승**	나아갈 **진**
日 旦 旦 昇	亻 隹 隹 進
昇	進

읽기 1학기 :
읽기 2학기 : 46쪽

違	反
어길 **위**	되돌릴 **반**
韋 韋 韋 違	一 厂 反 反
違	反

읽기 1학기 : 86쪽
읽기 2학기 :

精	確
정할 **정**	굳을 **확**
米 粁 精 精	石 矿 矿 確
精	確

읽기 1학기 : 132쪽 135쪽
읽기 2학기 : 120쪽

治	療
다스릴 **치**	병고칠 **료**
氵 汁 治 治	广 疒 疹 療
治	療

읽기 1학기 : 22쪽
읽기 2학기 :

混	雜
섞을 **혼**	섞일 **잡**
氵 沪 浧 混	亠 衣 桼 雜
混	雜

읽기 1학기 :
읽기 2학기 : 143쪽

故	障
연고 **고**	막힐 **장**
十 古 古 故	阝 阝 隌 障
故	障

읽기 1학기 : 114쪽
읽기 2학기 :

舞	臺
춤출 **무**	정자 **대**
無 無 舞 舞	士 吉 喜 臺
舞	臺

예문을 읽으며 글자의 쓰임을 알아봅시다.

정은이는 친구들의 눈치를 살피다가 悲鳴을 질렀다.

신호등이 設置되어 있는 횡단보도에서는 초록색 신호를 확인한 뒤 주위를 건넌다.

영만이가 갑자기 演劇을 하는 배우처럼 두 손을 반쯤 들고 중얼거렸다.

우리 형편에 미리미리 準備를 해 놓지 안으면 힘들어.

우리 나라가 일본의 侵略을 받고 시달리는 것은 나라의 힘이 약한 까닭이다.

죽은 자기를 끌어안고 痛哭하는 어머니의 모습이 떠올랐습니다.

생태계에도 문제가 생길 것이라고 環境 전문가들은 걱정을 하고 있다.

제주도를 정벌할 때 연을 이용하여 성을 攻擊하였다고 한다.

낱말 풀이

悲鳴(비명) : 몹시 위태롭거나 놀라거나 무서움을 느꼈을 때 갑자기 지르는 외마디 소리.

設置(설치) : 갖추어 놓음. 베풀어 놓음.

演劇(연극) : 배우가 무대 장치와 조명·음악 등의 도움을 받아 각본에 따라 연기하여, 관객에게 보이는 종합 예술.

準備(준비) : 미리 필요한 것을 마련하여 갖춤.

侵略(침략) : 남의 영토를 침범하여 빼앗음.

痛哭(통곡) : 소리를 높여 슬피 욺.

環境(환경) : 자기를 둘러싸고 있는 모든 것.

攻擊(공격) : 나아가 적을 쳐부숨.

글자의 뜻과 음을 읽으며, 예쁘게 써보세요.

읽기 1학기 : 48쪽
읽기 2학기 : 119쪽

悲鳴

슬플 비	울 명
ノ ϶ 非 悲	ロ 咩 鳴 鳴

읽기 1학기 : 22쪽
읽기 2학기 :

設置

베풀 설	둘 치
言 言 設 設	罒 罒 罟 置

읽기 1학기 :
읽기 2학기 : 103쪽

演劇

펼 연	심할 극
氵 汢 演 演	广 庐 虏 劇

읽기 1학기 : 18쪽 110쪽
읽기 2학기 : 58쪽 132쪽

準備

법 준	갖출 비
氵 淮 進 準	イ 俨 俨 備

읽기 1학기 : 8쪽
읽기 2학기 : 28쪽

侵略

침노할 침	간략할 략
イ 伊 侵 侵	田 田 昣 略

읽기 1학기 :
읽기 2학기 : 134쪽

痛哭

아플 통	울 곡
广 疒 疒 痛	ロ 叩 哭 哭

읽기 1학기 :
읽기 2학기 : 86쪽

環境

고리 환	지경 경
王 珇 環 環	圵 垃 境 境

읽기 1학기 :
읽기 2학기 : 69쪽

攻擊

칠 공	칠 격
一 工 攻 攻	車 軎 轂 擊

이 항아리는 관가에 보관 ☐☐ 하겠다.

고을 원님으로 나갔던 젊은이는 승진 ☐☐ 하여 감사로 나가게 되었

다.

나무 패에는 일본말로 '위반 ☐☐ ' 이라고 쓰여 있었다.

성장통의 원인은 정확 ☐☐ 하게 밝혀지지 않았지만,

제비 다리를 일부러 부러뜨리고 치료 ☐☐ 를 해 주었습니다.

차도와 보도가 구분되지 않은 길은 매우 혼잡 ☐☐ 해서 사고의 위

험이 크다.

저 고물 자전거는 고장 ☐☐ 도 안 나네.

무대 ☐☐ 가 다시 어두워진다.

정은이는 친구들의 눈치를 살피다가 비명 ☐☐ 을 질렀다.

신호등이 설치 ☐☐ 되어 있는 횡단보도에서는 초록색 신호를 확인

한 뒤 주위를 건넌다.

영만이가 갑자기 연극 ☐☐ 을 하는 배우처럼 두 손을 반쯤 들고 중

얼거렸다.

우리 형편에 미리미리 준비 ☐☐ 를 해 놓지 안으면 힘들어.

우리 나라가 일본의 침략 ☐☐ 을 받고 시달리는 것은 나라의 힘이

약한 까닭이다.

죽은 자기를 끌어안고 통곡 ☐☐ 하는 어머니의 모습이 떠올랐습니

다.

생태계에도 문제가 생길 것이라고 환경 ☐☐ 전문가들은 걱정을 하

고 있다.

제주도를 정벌할 때 연을 이용하여 성을 공격 ☐☐ 하였다고 한다.

漢字

東方

4학년 낱말 풀이

4학년 한자

4학년 낱말풀이

街路燈(가로등) : 거리를 밝히기 위하여 길거리에 달아 놓은 전등.

街路樹(가로수) : 큰길의 양쪽 가에 줄지어 심은 나무.

家庭(가정) : 가족이 함께 어울려서 사는 집안.

家族(가족) : 부모와 자식·부부 등의 관계로 맺어져 한 집안에서 같이 생활하는 사람들.

家畜(가축) : 소·말·양·돼지·닭 따위와 같이 집에서 기르는 짐승.

各別(각별) : 유달리 특별함.

艱辛(간신) : 겨우. 가까스로.

懇切(간절) : 지성스럽고 절실함.

間接的(간접적) : 사이에 다른 것을 통한 것.

看護師(간호사) : 법정 자격을 가지고 병원에서 의사를 도우며, 환자의 간호에 종사하는 사람.

感氣(감기) : 호흡기에 탈이 나서 코가 막히고 머리가 아프며, 열이 오르는 병.

感動(감동) : 깊이 느끼어 마음이 움직임.

監司(감사) : 조선 시대 때 8도에 파견된, 지금의 도지사에 해당되는 지방 벼슬 이름.

感謝(감사) : 고맙게 여김.

感想(감상) : 영화·문화·음악 등 예술 작품을 깊이 맛보고 즐김.

感情(감정) : 사물에 대하여 느끼어 일어나는 마음.

監獄(감옥) : 죄인을 가두어 두는 곳.

强制(강제) : 위력이나 권력으로 남의 자유를 억누름.

個性(개성) : 개인의 타고난 특별한 성질.

巨大(거대) : 엄청나게 큼.

擧重機(거중기) : 무거운 물건을 들어올리는 데 쓰는 재래식 기중기.

健康(건강) : 몸이 튼튼하고 병이 없음.

見學(견학) : 실지로 가 보아 학식을 넓힘.

結果(결과) : 어떤 원인으로 말미암아 생긴 일의 끝.

決論(결론) : 의논의 가부와 시비를 따지어 결정함. 또는 그 결정된 의론.

決勝戰(결승전) : 최후의 승패를 겨루는 싸움.

決定(결정) : 어떻게 하겠다고 정함.

競技(경기) : 기술의 낫고 못함을 서로 겨루는 일.

驚蟄(경칩) : 땅 속의 벌레가 겨울잠에서 깨어 꿈틀거리기 시작한다는 시기.

輕快(경쾌) : 마음이 홀가분하고 유쾌함.

經驗(경험) : 몸소 겪어 봄. 직접 보고 듣고 해 본 일.

階段(계단) : 층층대.

啓發(계발) : 슬기와 재능을 깨우쳐 열어 줌.

季節(계절) : 봄 · 여름 · 가을 · 겨울의 네 철.

系統(계통) : 일정한 차례에 따라 이어져 있는 것.

計劃(계획) : 어떤 일을 시작하기 전에 방법 등을 미리 생각한 내용.

高句麗(고구려) : 우리 나라 삼국시대의 한 나라.

古代(고대) : 옛날. 오래 전의 시대.

高麗(고려) : 태봉의 왕건이 후삼국을 통일하여 세운 나라.

高麗靑瓷(고려청자) : 고려 시대에 만든 도자기.

姑母(고모) : 아버지의 여자 형제.

古木(고목) : 오래 묵은 나무. 나이가 많은 나무.

拷問(고문) : 죄를 지은 혐의가 있는 사람에게 견디기 어려운 고통을 주며 묻는 일.

古物(고물) : 헐거나 낡은 물건.

苦悶(고민) : 괴로워서 몹시 속을 태움.

苦生(고생) : 어렵고 괴로운 생활.

固有(고유) : 본디부터 있음.

故障(고장) : 사고로 생기는 탈.

固執(고집) : 자기의 생각이나 의견을 끝까지 내세움.

苦痛(고통) : 괴롭고 아픔. 몹시 견디기 어려움.

高喊(고함) : 크게 외치는 소리. 크게 부르짖는 소리.

故鄕(고향) : 자기가 나서 자란 곳.

穀食(곡식) : 사람의 양식이 되는 쌀·보리·콩·조 등을 통틀어 이르는 말.

昆蟲(곤충) : 벌레의 속칭.

空間(공간) : 아무것도 없이 비어 있는 곳.

公開(공개) : 여러 사람에게 널리 보임.

攻擊(공격) : 나아가 적을 쳐부숨.

空氣(공기) : 지구를 둘러싸고 있는, 빛깔이나 냄새가 없는 기체.

恐龍(공룡) : 옛날 원시 시대에 살았던 거대한 동물.

工夫(공부) : 배우고 익히고 슬기를 닦는 일.

工業用(공업용) : 공업에 쓰임.

公演(공연) : 여러 사람 앞에서 음악·무용·연극 따위를 공개하여 보여 줌.

公園(공원) : 누구든지 자유로이 쉬고, 놀고, 거닐 수 있도록 여러 시설을 마련해놓
　　　　　 은 곳.

工場(공장) : 사람들을 모아 기계를 써서 물건을 만들어 내거나 손질을 하는 곳.

空中(공중) : 하늘과 땅 사이의 빈 곳.

空冊(공책) : 무엇을 쓸 수 있도록 백지로 매어 놓은 책.

公休日(공휴일) : 모두가 쉬는 날. 나라의 경사스러운 날이나 일요일.

菓子(과자) : 밀가루·우유·버터 등을 써서 만든 간식용 식품.

科學(과학) : 자연에 속하는 모든 것을 다루는 학문.

科學者(과학자) : 과학을 연구하는 사람.

官家(관가) : 관리들이 나라 일을 맡아 보던 곳.

關係(관계) : 둘 이상이 서로 걸리는 일.

觀念(관념) : 사물에 대한 생각.

關聯(관련) : 관계를 가짐. 서로 걸려 얽힘.

官吏(관리) : 관청의 일을 맡아 보는 사람.

管理(관리) : 아랫사람을 지휘 감독함.

管理人(관리인) : 남의 재산을 관리하는 사람.

關心(관심) : 어떤 일에 마음이 끌려서 흥미를 느끼는 일.

關節(관절) : 뼈와 뼈가 서로 움직일 수 있도록 연결되어 있는 부분.

光景(광경) : 어떤 장면의 모습. 벌어진 일의 형편이나 모양.

教壇(교단) : 교실에서 선생님이 가르칠 때 올라서는 조금 높은 단.

教務室(교무실) : 학교 수업에 필요한 사무 등을 처리하는 곳.

校門(교문) : 학교에 드나드는 큰 문.

教室(교실) : 학교에서 수업을 하는 데 사용할 수 있도록 하기 위하여 만든 방.

教養(교양) : 학문·지식을 바탕으로 하여 닦은 마음이나 행동.

教卓(교탁) : 교실에서 선생님이 공부를 가르칠 때 책 따위를 놓는, 교단 앞의 탁자.

交通秩序(교통질서) : 교통의 흐름이 잘되게 하기 위하여 지켜야 할 차례나 규칙.

救急車(구급차) : 위급한 환자나 부상자를 신속히 병원으로 수송하는 차.

國慶日(국경일) : 나라에서 경사스러운 날이라고 정하여, 온 국민이 기념하는 날.

國樂(국악) : 그 나라의 고유한 음악.

國際(국제) : 나라와 나라 사이의 교제, 또는 그 관계.

軍士(군사) : 군대에서 계급이 낮은 군인.

窮理(궁리) : 좋은 도리를 발견하려고 곰곰 생각함. 이치를 깊이 연구함.

規則(규칙) : 여러 사람이 지키기로 정해 놓은 약속.

均衡(균형) : 어느 한쪽으로 치우치지 아니하고 쪽 고름.

金冠(금관) : 금으로 만들거나 꾸민 관.

今方(금방) : 이제 곧. 지금 막.

今世(금세) : 금시. 금방.

金銀寶貨(금은보화) : 금·은·옥·진주 따위 귀중한 보물.

期間(기간) : 일정한 시기의 사이.

機械(기계) : 여러 가지 부분이 조직적으로 장치되어 증기·전기 따위의 힘에 의하
　　　　　여 일정한 운동을 되풀이하며 일을 하는 장치.

機關士(기관사) : 열차·선박·항공기 등의 기관을 맡아 보는 사람.

機關車(기관차) : 객차나 화차를 철도 위로 끌고 다니게 된 차.

紀念(기념) : 어떤 일을 오래도록 전하여 잊지 않게 함.

期待(기대) : 마음 속으로 바라고 기다림.

記錄(기록) : 사실을 적음. 또는 사실을 적은 서류.

基本的(기본적) : 사물의 기본이 되는 성질을 가지고 있는 것.

氣分(기분) : 저절로 느껴지는 마음의 움직임.

氣像(기상) : 사람의 타고난 품성과 정의로운 용기.

氣勢(기세) : 기운차게 뻗치는 형세. 남이 보기에 두려워할 만한 힘.

寄宿舍(기숙사) : 학교나 공장 등에서, 학생이나 직공들이 자고 먹고 할 수 있도록
　　　　　시설을 해 놓은 집.

技術(기술) : 어떤 일을 정확하고 능률적으로 해내는 솜씨.

記憶(기억) : 지난 일을 잊지 않고 새겨 둠.

氣運(기운) : 생물이 살아 움직이는 힘.

奇蹟(기적) : 사람의 힘으로 이룰 수 없는 아주 신기한 일.

機會(기회) : 어떤 일을 하기에 가장 알맞고 좋은 때.

緊張(긴장) : 마음을 가다듬어 정신을 바짝 차림.

落書(낙서) : 장난으로 아무데나 함부로 글자 등을 씀.

難處(난처) : 이럴 수도 없고 저럴 수도 없어 처지가 곤란함.

男女老少(남녀노소) : 남자와 여자와 늙은이와 젊은이. 곧 모든 사람을 이르는 말.

男子(남자) : 남성인 사람. 사나이.

浪費(낭비) : 시간·재물 따위를 헛되이 함부로 씀.

內容(내용) : 속에 들어 있는 것, 또는 사실.

來日(내일) : 오늘의 바로 다음날. 명일.

冷藏庫(냉장고) : 얼음 또는 전기 따위를 이용하여 내부에 낮은 온도를 유지하는
　　　　　　　장치가 마련되어 있는 상자.

努力(노력) : 어떤 일을 하기 위하여 애를 씀. 힘을 다함.

老人(노인) : 나이가 많은 사람.

綠色(녹색) : 푸른빛과 누른빛의 중간색. 나뭇잎이나 풀잎의 색과 같은 색.

農民(농민) : 농사를 짓고 사는 사람.

農夫(농부) : 농사를 지어서 생활을 하는 사람. 농사꾼.

農事(농사) : 논밭에 곡식을 심고 거두는 일.

農閑期(농한기) : 농사일이 바쁘지 않은 한가한 시기.

能力(능력) : 어떤 일을 해낼 수 있는 힘.

多樣(다양) : 모양이나 양식이 여러 가지임.

多情(다정) : 사이가 아주 좋음. 매우 정다움.

多幸(다행) : 일이 좋게 됨. 운수가 좋음. 뜻밖에 잘 됨.

單獨住宅(단독주택) : 한 채씩 따로따로 지은 집.

蛋白質(단백질) : 우리 몸을 이루는 데 필요한 중요한 영양소. 3대 영양소의 하나
　　　　　　　로, 고기·우유·콩 따위에 많이 들어 있음.

端午(단오) : 우리 나라 명절의 하나. 음력 5월 5일.

丹楓(단풍) : 늦가을에 빛깔이 붉고 누렇게 변한 나뭇잎.

擔任(담임) : 어떤 일을 책임지고 맡아봄. 또는 맡아 보는 사람.

當身(당신) : 자기보다 낮거나 비슷한 사람을 이름 대신으로 부르는 말.

當然(당연) : 이치로 보아 마땅히 그러할 것임.

當場(당장) : 곧. 바로. 무슨 일이 일어난 바로 그 자리.

大監(대감) : 조선 시대, 정이품 이상의 벼슬아치를 높여 부르던 말.

對答(대답) : 물음에 대하여 자기의 뜻을 나타냄.

大陸(대륙) : 지구상의 큰 육지.

大門(대문) : 집의 정문. 큰 문.

大部分(대부분) : 반이 훨씬 넘는 수효나 분량. 거의 다.

代身(대신) : 다른 것으로 먼저 것을 바꿔 채움.

大將(대장) : 한 무리의 우두머리.

待接(대접) : 예를 차리어 맞이함.

大廳(대청) : 집 안의 가운데에 있는 넓은 마루.

大淸掃(대청소) : 보통 때 손이 미치지 못하는 구석구석까지 깨끗히 하는 청소.

貸出(대출) : 돈이나 물건 따위를 빚으로 꾸어 줌.

貸出簿(대출부) : 대출하여 준 것을 적어 놓은 장부.

代表的(대표적) : 여럿을 대신할 수 있을 만함.

大學(대학) : 고등학교를 마치고 들어가는 최고 교육 기관.

大學者(대학자) : 학식이 아주 뛰어나고 학문적 업적이 많은 학자.

對抗(대항) : 서로 상대하여 승부를 겨룸.

大會(대회) : 여러 사람의 모임.

德分(덕분) : 고마운 일을 베풀어 준 보람.

道具(도구) : 일에 쓰이는 여러 가지 연장.

逃亡(도망) : 몰래 피하여 달아남. 쫓겨서 달아남.

圖書室(도서실) : 많은 책을 모아 두고 여러 사람이 읽을 수 있게 꾸며 놓은 방.

都市(도시) : 규모가 크고 사람이 많이 모여 사는, 정치ㆍ경제ㆍ문화의 중심 지역.

圖章(도장) : 이름을 나무나 뼈 등에 새겨서, 인주를 묻힌 후 서류에 찍어 증거로
　　　　　 삼는 데 쓰는 물건.

挑戰(도전) : 싸움을 걺.

到着(도착) : 목적한 곳에 다다름.

獨立(독립) : 남의 힘을 입지 않고 홀로 섬.

讀書(독서) : 책을 읽음.

獨創的(독창적) : 혼자 생각으로 만들어 낸 것.

獨特(독특) : 특별히 다르거나 뛰어남.

讀後感(독후감) : 책이나 글을 읽고 난 후의 느낌·감상을 적은 글.

動物(동물) : 스스로 움직이고 감각 기능을 갖춘 생물로 식물과 구분하여 이르는
말. 짐승·곤충·물고기 등.

同生(동생) : 자기보다 나이가 적은 형제. 아우나 손아랫 누이.

同情心(동정심) : 남을 가엾게 여겨 따뜻이 대하는 마음.

同志(동지) : 뜻을 서로 같이하는 일, 또는 그런 사람.

同窓生(동창생) : 같은 학교에서 공부하거나 졸업한 사람.

童話(동화) : 어린이들에게 읽히기 위하여 지은 이야기.

登山服(등산복) : 산에 오를 때에 입는 옷.

登場(등장) : 무대 같은 데에 나옴.

萬歲(만세) : 앞일을 축하할 때나 길이 복을 누리라고 외칠 때 쓰는 말.

滿足(만족) : 마음이 흐뭇하여 모자람이 없음.

每日(매일) : 날마다.

名稱(명칭) : 사물을 부르는 이름. 일컫는 이름.

募金函(모금함) : 어떤 일을 도와 줄 목적으로 여러 사람으로부터 돈을 거두어들이
는 통.

模樣(모양) : 사람이나 물건의 생김새.

謀陷(모함) : 여러 가지 꾀를 써서 남을 어려움에 빠지게 함.

牧場(목장) : 소나 말, 또는 양 따위의 가축을 많이 놓아 기르는 산이나 들판 같은 곳.

目的地(목적지) : 목표를 삼는 곳. 지목한 곳.

舞臺(무대) : 노래·춤·연극 등을 하기 위하여 높게 만들어 놓은 단.

無料(무료) : 요금이 필요 없음. 요금을 받지 않음.

無視(무시) : 깔 봄. 업신여기고 상대하지 않음.

無心(무심) : 아무 생각이 없음. 관심이 없음.

文明(문명) : 사람의 지혜가 깨고, 물질적인 생활이 편리해짐.

文物(문물) : 문화의 발달로 이루어진 것. 곧, 학문·예술·법률·종교 등 문화에
　　　　　관한 것을 통틀어 이르는 말.

問題(문제) : 대답을 요구하는 물음.

文化(문화) : 사람의 지혜가 깨이고 세상이 열리어 살기 좋아짐.

文化財(문화재) : 문화적 가치를 지니고 있는 역사적인 유물.

物件(물건) : 일정한 모양이 있는 모든 것.

物質(물질) : 물건을 이루는 본바탕.

微笑(미소) : 소리를 내지 않고 빙긋이 웃는 웃음.

美術(미술) : 아름다움을 나타내는 예술의 한 부분. 곧, 그림·건축·조각 등을 통
　　　　　틀어 이르는 말.

迷信(미신) : 과학적 근거가 없는 것을 망령되게 믿음.

未安(미안) : 마음이 편하지 못하고 거북함.

民俗(민속) : 일반 백성들의 풍속과 습관.

民心(민심) : 국민들의 마음.

民族(민족) : 같은 지역에 살고, 말과 습관 따위가 같은 사람의 무리.

博物館(박물관) : 옛날의 유물이나 예술품·자연물·학술 자료 따위를 널리 모아
　　　　　　진열하여 여러 사람에게 보이는 곳.

拍手(박수) : 기쁘거나 찬성·환영을 할 때 손뼉을 여러 번 치는 일.

返納(반납) : 꾸거나 빌린 것을 도로 돌려줌.

反對(반대) : 남의 말이나 의견을 거스름.

反射(반사) : 빛이나 소리가 다른 물체의 표면에 부딪쳐 되돌아오는 현상.

班長(반장) : '반' 이라는 이름을 붙인 집단의 통솔자 또는 책임자.

飯饌(반찬) : 밥에 곁들여서 먹는 여러 가지의 음식.

發見(발견) : 남이 미처 보지 못한 사물을 먼저 찾아냄.

發達(발달) : 점점 잘 되어 나감.

發射臺(발사대) : 미사일·로켓 따위를 발사하는 장치.

發音(발음) : 발음 기관을 통해 말소리를 냄.

發展(발전) : 보다 나은 단계로 뻗어 나감.

坊坊曲曲(방방곡곡) : 한 군데도 빼놓지 아니한 모든 곳.

方法(방법) : 어떤 목적을 이루기 위하여 하는 수단.

放學(방학) : 학교에서 학기가 끝난 뒤, 또는 더위와 추위를 피하여 얼마 동안 수업
　　　　　을 쉬는 일.

配達(배달) : 우편물이나 물품 따위를 가져다 전해 주는 일.

排泄(배설) : 안에서 밖으로 새어 나가게 함.

排泄物(배설물) : 배설된 물질. 똥 · 오줌 · 땀 같은 것.

俳優(배우) : 연극 · 영화 따위에서 연기를 하는 사람.

百姓(백성) : '국민' 의 예스러운 말.

白瓷(백자) : 흰 빛깔로 된 도자기. 조선 시대에 유행한 자기로 소박한 점이 특징.

繁殖(번식) : 동물이나 식물이 자꾸 퍼져서 불어남.

壁畵(벽화) : 장식을 위하여 건물의 벽에 그린 그림.

便器(변기) : 똥 · 오줌을 받아 내거나 누도록 만든 그릇. 변기통.

變色(변색) : 빛깔이 변하여 달라짐.

便所(변소) : 대소변을 볼 수 있게 만들어 놓은 곳.

別名(별명) : 본 이름 외에 남들이 지어 부르는 이름.

病菌(병균) : 병을 일으키는 균.

兵士(병사) : 군사. 계급이 낮은 군인.

病院(병원) : 질병을 진찰하고 치료하는 곳.

保健(보건) : 건강을 잘 지켜 나가는 일.

保管(보관) : 물건 따위를 잘 간수하는 일.

保管函(보관함) : 물건 따위를 보관하는 상자.

報答(보답) : 남의 두터운 호의나 은혜를 갚음.

步道(보도) : 사람이 걸어다니는 길.

寶物(보물) : 금·은·옥과 같은 썩 드물고 귀한 물건.

寶石(보석) : 단단하고 빛깔·광택이 아름다운 귀하고 값진 돌. 다이아몬드·진주·루비·사파이어 등.

保溫(보온) : 온도를 일정하게 유지함.

保存(보존) : 잘 지니어 잃지 않도록 함.

補充(보충) : 모자라는 것을 채움.

普通(보통) : 널리 일반에게 통함. 특별하지 아니하고 예사로움.

保護(보호) : 잘 돌보아 주고 지켜 줌.

複道(복도) : 집과 집 사이에 비를 맞지 않도록 지붕을 씌워 만든 통로.

本部(본부) : 어떤 기관이나 단체의 중심이 되는 조직체.

俸給(봉급) : 일정한 업무에 계속 근무하는 대가로 받는 일정한 돈.

富強(부강) : 백성의 살림이 넉넉하고 군대의 힘이 강함.

部落(부락) : 도시 이외의 지역에서 여러 살림집들이 모여 이룬 곳이나 집단.

父母(부모) : 아버지와 어머니.

夫婦(부부) : 남편과 아내.

富者(부자) : 살림이 넉넉한 사람. 재산이 많은 사람.

不淨(부정) : 깨끗하지 못함.

不足(부족) : 어떤 표준이나 한도에 모자람.

部族(부족) : 같은 조상이라는 관념에 의하여 결합되어 공통된 언어와 종교 등을 갖는 지역적인 공동체.

付託(부탁) : 무슨 일을 해 달라고 당부함.

分離(분리) : 갈라서 떼어 놓음. 서로 나누어 떨어짐.

分明(분명) : 흐리지 않고 똑똑함.

分數(분수) : 제 몸에 알맞은 한도.

不滿(불만) : 마음에 차지 않거나 마땅하지 않음.

不純物(불순물) : 순수한 물질 속에 섞여 있는, 순수하지 못한 물질.

不安(불안) : 마음이 편안하지 아니함.

不便(불편) : 편리하지 않음.

不幸(불행) : 행복하지 못함. 운수가 나쁨.

悲鳴(비명) : 몹시 위태롭거나 놀라거나 무서움을 느꼈을 때 갑자기 지르는 외마디 소리.

秘密(비밀) : 숨기어 남에게 드러내어 알리지 아니하는 일.

批判(비판) : 좋고 나쁨, 옳고 그름을 따져 가리어 말함.

飛行(비행) : 하늘을 날아다님.

事故(사고) : 뜻밖에 일어난 사건이나 탈.

事務室(사무실) : 사무를 보는 방.

四方(사방) : 네 방위. 곧 동·서·남·북을 통틀어 이르는 말.

事實(사실) : 실제로 있었던 일, 또는 있는 일.

使用(사용) : 물건을 씀.

飼育(사육) : 짐승을 먹이어 기름.

飼育場(사육장) : 가축이나 가금 등을 기르는 장소.

獅子(사자) : 고양이과의 사나운 짐승. 울음소리가 크고 당당하여 모든 동물 중의 왕이라 일컬음.

寫眞(사진) : 사진기로 사람이나 물건, 또는 광경 등을 찍은 것.

四寸(사촌) : 아버지와 어머니의 친형제의 아들딸.

事態(사태) : 일의 상태나 되어 가는 형편.

社會(사회) : 같은 무리끼리 모여 함께 살아가는 모임. 세상.

社會人(사회인) : 사회의 일원으로 생활을 해 나가는 개인.

産物(산물) : 자연에서 저절로 나오거나 만들어 내는 물건.

殺蟲劑(살충제) : 농작물·인축 등에 해가되는 벌레를 죽이거나 없애는 약품의 총칭.

三國時代(삼국시대) : 옛날 우리 나라가 신라·백제·고구려의 세 나라로 갈라져 있던 시대.

三月(삼월) : 한 해 가운데 셋째 달.

相關(상관) : 서로 관련을 가짐.

想起(상기) : 전에 있었던 일을 다시 생각해 냄.

相對方(상대방) : 상대가 되는 쪽.

相對便(상대편) : 상대가 되는 쪽, 또는 그 사람.

想像(상상) : 마음 속으로 그리며 미루어 생각함.

箱子(상자) : 나무 · 대 · 종이 따위로 만든 그릇.

賞狀(상장) : 상 주는 뜻을 나타내는 증서.

常態(상태) : 되어 있는 모양이나 형편.

商品(상품) : 팔고 사는 물건.

生命(생명) : 목숨.

生命體(생명체) : 목숨이 있는 물체.

生産量(생산량) : 일정한 기간에 만들어 낸 물건의 수량.

生態系(생태계) : 어느 지역 안에 살고 있는 생물의 무리와, 그 생활에 깊은 관계를
　　　　　　　　가지고 균형과 조화를 이루는 환경 요소를 이르는 말.

生活(생활) : 살아서 활동함.

西洋(서양) : 유럽과 아메리카의 여러 나라.

膳物(선물) : 남에게 고맙거나 축하하는 뜻을 표시하기 위해 주는 물품.

先生(선생) : 남에게 공부를 가르치는 사람.

先祖(선조) : 한 집안의 조상.

設置(설치) : 갖추어 놓음. 베풀어 놓음.

攝取(섭취) : 양분을 빨아들임.

性格(성격) : 사람마다 다르게 가진 특별한 성질.

誠金(성금) : 정성으로 내는 돈.

成分(성분) : 무엇을 이룬 바탕이 되는 것.

成長(성장) : 자라서 점점 커짐, 또는 성숙해짐.

性質(성질) : 날 때부터 가지고 있는 본바탕이나 타고난 기질.

盛行(성행) : 매우 성하게 유행함.

成火(성화) : 몹시 조르거나 귀찮게 구는 일.

世界(세계) : 지구 위의 모든 나라.

世界人(세계인) : 세계적으로 유명한 사람.

世界的(세계적) : 온 세계에 알려지거나 관계된 것.

細菌(세균) : 1개의 세포로 된 간단한 미생물. 너무 작아서 현미경으로만 볼 수 있
으며 병을 일으키는 것도 있음.

稅金(세금) : 나라에서 쓰는 비용을 마련하기 위하여 국민으로부터 거두어들이는 돈.

洗面臺(세면대) : 세면 시설을 해놓은 대.

世上(세상) : 모든 사람이 살고 있는 지구 위.

洗手(세수) : 얼굴을 씻음.

歲月(세월) : 흘러가는 시간.

世宗大王(세종대왕) : 훈민정음을 창제했으며, 여러 방면에 큰 업적을 남겼음.

洗濯機(세탁기) : 전기를 이용하여 빨래하는 데 쓰는 기계.

紹介(소개) : 모르는 사이를 알도록 관계를 맺어 줌.

少女(소녀) : 아주 나이 어리지도 않고 성숙하지도 않은 여자 아이.

少年(소년) : 아주 어리지도 않고 완전히 자라지도 않은 남자 아이.

消毒(소독) : 병균을 죽이는 일.

騷動(소동) : 시끄럽게 떠듦.

所聞(소문) : 여러 사람들 입에 오르내려 전하여 들리는 말.

素朴(소박) : 꾸밈이나 거짓이 없이 있는 그대로임.

小盤(소반) : 음식을 놓고 먹는, 짧은 발이 달린 작은 상.

消息(소식) : 안부나 형편을 알 수 있는 편지나 말.

小兒痲痺(소아마비) : 어린아이에 발생하는 손발의 마비성 질환.

所用(소용) : 무엇에 쓰임, 또는 무엇에 쓰이는 바.

所願(소원) : 마음 속으로 꼭 이루어 지기를 바라는 일.

騷音(소음) : 떠들썩한 소리. 시끄러운 소리.

所重(소중) : 매우 귀중함.

所持品(소지품) : 가지고 있는 물건.

疏忽(소홀) : 대수롭지 않고 예사롭게 여김.

速度(속도) : 빠른 정도.

孫子(손자) : 아들의 아들.

水分(수분) : 물기.

水洗式(수세식) : 화장실에 급수 장치를 하여 오물이 물에 씻겨 내려가도록 처리하는 방식.

手術費(수술비) : 수술을 하는 데 드는 돈.

受業(수업) : 학문이나 기술의 가르침을 받음.

水蒸氣(수증기) : 물이 증발하여 기체 상태로 된 것.

手帖(수첩) : 몸에 지니고 다니며 여러 가지 일을 적어 두는 작은 책.

輸出(수출) : 외국으로 국내의 물건이나 기술을 팔아 내보냄.

瞬間(순간) : 아주 짧은 시간. 눈 깜짝할 사이. 잠깐 동안.

瞬間的(순간적) : 아주 짧은 시간인 모양.

瞬息間(순식간) : 눈 깜짝할 사이.

習慣(습관) : 몸에 밴 버릇.

勝利(승리) : 싸움이나 경기 등에서 이김.

勝負(승부) : 이김과 짐.

昇進(승진) : 직위가 오름.

時間(시간) : 시각과 시각 사이의 동안.

時計(시계) : 시각을 나타내거나 시간을 재는 기계.

時期(시기) : 시대나 기간 · 기한 따위로 정하여진 때.

猜忌(시기) : 자기보다 남이 잘하거나 잘되는 것을 미워함.

時代(시대) : 역사적으로 어떤 표준에 의거 구분한 일정한 기간.

屍身(시신) : 사람의 죽은 몸뚱이.

詩人(시인) : 시를 잘 짓는 사람. 시를 짓는 일을 직업으로 삼는 사람.

始作(시작) : 처음으로 함. 처음.

市場(시장) : 매일 또는 정기적으로 사람이 모여 상품 매매를 하는 장소.

時節(시절) : 사람의 일생을 몇 단계로 구분한 동안.

時調(시조) : 고려 말엽부터 발달하여 온 우리 나라 고유의 정형시.

食口(식구) : 한 집안에서 같이 살며 끼니를 함께 하는 사람.

植物(식물) : 나무나 풀 등과 같이 땅 속에 몸의 일부를 붙박고 줄기·뿌리·잎 등으로 되어 있는 것.

植物圖鑑(식물도감) : 일정한 식물구계 안의 모든 식물을 채집하여 그 형상·상태 등을 정리하여 밝히고 이에 설명을 붙인 책.

植物性(식물성) : 식물에서만 볼 수 있는 성질.

食水(식수) : 먹을 수 있는 물.

食品(식품) : 사람이 날마다 섭취하는 음식물.

神經(신경) : 골의 명령을 몸의 각 부분에 전하고, 몸의 각 부분에서 느낀 자극을 골에 전하는 일을 하는 실 모양의 기관.

新奇(신기) : 이상하고 묘함.

新羅(신라) : 우리 나라 삼국 시대의 한 나라.

神靈(신령) : 신통하고 영묘한 힘을 가지고 있다는 귀신.

紳士服(신사복) : 성인 남자들이 평상시에 입는 양복.

新鮮(신선) : 새롭고 깨끗함.

新任(신임) : 새로 임명됨.

新學問(신학문) : 재래의 한학에 대하여 서양에서 들어온 새로운 학문을 이름.

信號(신호) : 떨어져 있는 두 곳 사이에 일정한 부호를 써서 서로 의사를 통하는 방법.

信號燈(신호등) : 신호로 켜는 등.

室內(실내) : 방 안.

失望(실망) : 희망을 잃어버림.

實際(실제) : 실지의 경우나 형편.

實踐(실천) : 실제로 이행함.

實學(실학) : 학문은 실생활에 이용할 수 있는 것이어야 한다는 사상에서 나온 학문.

心臟(심장) : 온몸에 피를 돌게 하는 복숭아 모양의 기관.

衙前(아전) : 옛날 고을의 관청에 딸린 낮은 벼슬아치.

鰐魚(악어) : 악어과의 파충류. 모양이 도마뱀과 비슷하나 몸은 훨씬 커 10m에 이
르는 것도 있음.

惡臭(악취) : 나쁜 냄새. 불쾌한 냄새.

案內(안내) : 인도하여 일러 줌. 데리고 가서 알려 줌.

安寧(안녕) : 만나거나 헤어질 때에 쓰는 인사말.

安心(안심) : 근심·걱정이 없이 마음이 편함.

安全(안전) : 편안하고 아무 탈이 없음. 위험이 없음.

愛玩(애완) : 동물이나 물품 따위를 사랑하여 가까이 두고 다루며 즐김.

愛情(애정) : 사랑하는 마음. 다정한 마음.

野球(야구) : 투수가 던지는 공을 베트로 치고 각 베이스를 돌아 홈 베이스에 돌아
와 득점하는 경기.

藥局(약국) : 약사가 약을 조제하기도 하고 팔기도 하는 곳.

約束(약속) : 앞으로 할 일에 대하여 상대편과 서로 다짐하여 정함.

藥品(약품) : 약. 약물. 약제.

糧食(양식) : 살아가는 데 필요한 먹을거리.

養齒(양치) : 소금·치약 따위로 이를 닦고 물로 입 안을 가셔 내는 일.

嚴肅(엄숙) : 정중하고 위엄이 있음. 장엄하고 엄숙함.

如干(여간) : 보통으로. 어지간하게.

女子(여자) : 여성인 사람.

旅行(여행) : 볼일이나 구경할 목적으로 다른 고장이나 다른 나라에 가는 일.

歷史(역사) : 인간이 살아 온 사회의 발자취.

歷史的(역사적) : 역사에 남을 만한 것.

亦是(역시) : 전에 예상했던 대로.

役割(역할) : 각자가 맡은 일.

硏究(연구) : 어떠한 사물에 대하여 깊이 생각하거나 조사하여 이치를 밝혀 냄.

演劇(연극) : 배우가 무대 장치와 조명·음악 등의 도움을 받아 각본에 따라 연기
하여, 관객에게 보이는 종합 예술.

軟豆色(연두색) : 연한 초록색.

燃料(연료) : 열을 이용하기 위하여 때는 재료. 숯·석탄·석유·나무 따위.

演習(연습) : 몇 번이나 되풀이하여 익힘.

軟弱(연약) : 무르고 약함.

演藝人(연예인) : 연예에 종사하는 배우·가수 등의 총칭.

鉛筆(연필) : 필기 도구의 하나. 점토에 흑연의 분말을 섞어서 높은 열로 구워 만든
심을 나뭇대에 박은 것.

熱帶地方(열대지방) : 적도를 중심으로 남북회귀선 사이에 있는, 연평균 기온이
섭씨 20도 이상인 더운 지방.

閱覽(열람) : 책 따위를 죽 훑어 보거나 조사하여 봄.

熱心(열심) : 한 가지 일에 깊이 마음을 기울임. 어떤 일에 골똘함.

熱傳導(열전도) : 열이 물체의 고온 부분에서 저온 부분으로 물체를 따라 이동하는
현상.

熱中(열중) : 온갖 마음을 한 곳으로 쏟음.

鹽素(염소) : 기체 원소의 하나. 천연으로는 식염·염화마그네슘으로 존재함.

鹽藏(염장) : 소금에 절여 저장함.

鹽田(염전) : 바닷물을 증발시켜서 소금을 만드는 곳.

葉錢(엽전) : 놋쇠로 만든 옛날의 돈. 동글 납작하며 가운데에 네모진 구멍이 있음.

英語(영어) : 영국을 비롯하여 미국·캐나다 등 여러 나라에서 쓰는 말.

豫防(예방) : 무슨 일이나 탈이 있기 전에 미리 막음.

豫防接種(예방접종) : 전염병의 발생 및 유행을 예방하기 위하여 예방액을 체내에 넣음.

豫防注射(예방주사) : 체내에 면역이 생겨 전염병에 걸리지 않도록 예방액을 놓는 주사.

禮節(예절) : 예의에 관한 범절.

豫定日(예정일) : 예정하거나 예정된 날짜.

烏骨鷄(오골계) : 살·가죽·뼈가 모두 암자색이며, 체질이 약하고 산란수가 적은 동남아시아 원산의 닭.

娛樂性(오락성) : 오락으로서 즐길 수 있는 내용.

汚物(오물) : 지저분하고 더러운 물건.

午前(오전) : 밤 12시부터 낮 12시까지의 사이.

午後(오후) : 낮 12시부터 밤 12시까지의 사이.

屋上(옥상) : 지붕 위.

完全(완전) : 빠지거나 모자람이 없음.

外國(외국) : 다른 나라.

妖術(요술) : 사람의 눈을 어리게 하는 괴상한 술법.

慾心(욕심) : 자기만을 이롭게 하려는 마음. 탐내는 마음.

勇敢(용감) : 씩씩하고 겁이 없으며 기운참.

勇氣(용기) : 씩씩하고 굳센 기운.

用途(용도) : 쓰이는 곳.

容恕(용서) : 잘못을 꾸짖거나 벌을 주지 않고 너그럽게 대함.

優等(우등) : 어떤 일에 있어서 훌륭하게 빼어난 등급.

雨傘(우산) : 비를 맞지 않기 위해 손에 들고 머리 위에 받쳐 쓰는 우비의 한 가지.

于先(우선) : 무엇보다도 앞서.

優勝(우승) : 경기나 경쟁에서 첫째가는 성적으로 이김.

優雅(우아) : 고상하고 아름다움.

偶然(우연) : 아무런 인과 관계가 없이 뜻하지 않게 일어난 일.

牛乳(우유) : 암소의 젖. 밀크.

宇宙(우주) : 온 세계를 둘러싼 공간. 지구·태양·별 등이 있는 끝없이 넓은 세계.

宇宙船(우주선) : 사람이 타고 우주 공간을 비행할 수 있도록 만든 비행 물체.

郵便物(우편물) : 우편으로 부치는 편지나 물품.

運動(운동) : 몸을 움직이는 일.

運動競技(운동경기) : 일정한 규칙에 따라 운동하는 재주를 서로 겨루는 일.

運動場(운동장) : 운동을 하거나 뛰놀수 있게 닦아 놓은 넓은 땅.

運動靴(운동화) : 운동할 때 신는 신. 또는 평상시 활동하기 편하게 신는 신.

運搬(운반) : 물건을 옮겨 나름.

運轉(운전) : 기계나 수레 따위를 움직이어 굴림.

運轉者(운전자) : 전차·기차·기선·자동차 따위를 조정하여 달리게 하는 사람.

鬱寂(울적) : 마음이 답답하고 쓸쓸함.

原料(원료) : 물건을 만드는 바탕이 되는 재료. 원재료.

怨望(원망) : 남을 못마땅하게 여기어 탓함.

原因(원인) : 무슨 일이 일어난 까닭.

越冬(월동) : 겨울을 넘김.

慰勞(위로) : 수고나 괴로움을 잊게하여 마음을 편하게 함.

違反(위반) : 정한 것을 어김.

衛生(위생) : 건강을 지키고, 병의 예방과 치료에 힘쓰는 일.

衛生的(위생적) : 위생에 알맞은 것.

僞裝(위장) : 본래의 모습이나 속셈을 드러내지 않으려고 어떤 태도나 행동을 거짓
　　　　　으로 꾸밈.

危險(위험) : 위태로움. 안전하지 못함.

琉璃窓(유리창) : 유리를 끼운 창.

有名(유명) : 이름이 있음. 이름이 널리 알려져 있음.

有用(유용) : 이용할 데가 있음. 소용이 됨.

維持(유지) : 지니어 감. 지탱하여 감.

流行(유행) : 옷·모습·생각 따위의 새로운 경향이 세상에 널리 퍼짐.

陸橋(육교) : 차도 위에 놓은 다리.

肉食(육식) : 짐승의 고기를 먹음.

恩惠(은혜) : 베풀어 주는 혜택.

飮食(음식) : 사람이 먹고 마시는 물건.

飮食物(음식물) : 사람이 마시고 먹는 물건의 총칭.

音樂(음악) : 소리의 가락으로 나타내는 예술. 성악과 기악이 있음.

邑內(읍내) : 읍의 안.

應援(응원) : 뒤에서 힘을 내도록 편들어 격려하거나 도와 줌.

義理(의리) : 사람으로서 지켜야 할 바른 도리.

醫師(의사) : 병든 사람의 진찰과 치료를 직업으로 하는 사람.

疑心(의심) : 확실하지 않아 이상하게 생각함, 또는 그런 마음.

椅子(의자) : 걸터앉을 수 있도록 만든 물건.

移動(이동) : 옮기어 다님. 움직여 자리를 바꿈.

異常(이상) : 보통과 다름. 보통이 아님.

利用(이용) : 물건을 이롭게 쓰거나 가치 있게 씀.

理由(이유) : 까닭.

利益(이익) : 보탬이나 도움이 되는 것.

以前(이전) : 이제보다 전.

理解(이해) : 사리를 깨달아서 앎.

梨花學堂(이화학당) : 우리 나라 최초의 여성 교육 기관.

人氣(인기) : 세상 사람들의 좋은 평판.

人類(인류) : 지구 위에 사는 모든 사람을 이르는 말.

人物(인물) : 쓸모 있는 사람. 뛰어난 사람.

人事(인사) : 만나거나 헤어질 때 서로 주고받는 말이나 동작.

吝嗇(인색) : 도리와 체면을 돌아보지 아니하고 재물만 아낌.

人生(인생) : 사람이 세상에 나서 살아가는 동안.

人材(인재) : 학식과 능력이 뛰어나 큰 일을 할 수 있는 사람.

人情(인정) : 사람이 본래부터 가지고 있는 마음씨.

一等(일등) : 첫째 등급, 또는 으뜸. 제일.

一面(일면) : 한 면.

日本語(일본어) : 일본 민족이 사용하는 일본의 국어.

一夫一妻(일부일처) : 한 남자가 한 아내만 거느리는 혼인 형태.

日常(일상) : 매일매일. 날마다.

日常生活(일상생활) : 날마다의 생활.

入學(입학) : 공부하기 위해 학교에 들어가 학생이 됨.

資格(자격) : 어떠한 신분이나 지위를 가지는 데 필요한 조건.

自己(자기) : 그 사람 자신. 제 몸.

自動車(자동차) : 가스 · 휘발유 · 중유 따위를 연료로 하는 발동기의 동력으로 바
퀴를 돌려 달리게 만든 차.

資料(자료) : 무엇을 하기 위한 바탕이 되는 물자.

仔細(자세) : 빠짐없이 분명함.

子孫(자손) : 아들과 손자.

子息(자식) : 자기의 아들이나 딸.

自身(자신) : 자기. 제 몸.

自信(자신) : 자기의 능력이나 가치 또는 어떤 일의 보람에 대하여 자기 스스로 믿
음.

自然(자연) : 사람의 힘을 들이지 않은 천연 그대로의 모든 존재나 현상.

自轉車(자전거) : 탄 사람이 양발로 페달을 밟아 바퀴를 돌려서 앞으로 나아가게 만든 탈것.

自尊心(자존심) : 남에게 굽히지 않고 제몸이나 품위를 스스로 높이는 마음.

自體(자체) : 제 몸.

昨年(작년) : 지난 해.

作別(작별) : 같이 있던 사람이 서로 헤어짐.

暫時(잠시) : 짧은 시간. 오래지 않은 동안.

將軍(장군) : 군대의 우두머리.

壯士(장사) : 힘이 세고 체격이 아주 굳센 사람.

場所(장소) : 곳. 자리.

長壽(장수) : 목숨이 긺. 오래 삶.

裝飾(장식) : 보기 좋게 꾸미는 일, 또는 그 꾸밈새.

財産(재산) : 개인이나 단체가 소유하는 재물.

宰相(재상) : 조선 시대, 정이품 이상의 벼슬아치를 부르던 말.

財數(재수) : 재물에 대한 운수.

裁判(재판) : 옳고 그름을 살피어서 판단함.

裁判官(재판관) : 재판에 관한 사무를 맡아 보는 사람.

適合(적합) : 꼭 알맞음. 알맞게 들어 맞음. 꼭 합당함.

全校生(전교생) : 한 학교의 모든 학생.

全國(전국) : 온 나라.

電氣(전기) : 빛과 열을 내고 여러 가지 기계를 움직이게 하는 에너지.

專門家(전문가) : 어떤 특정한 부문을 오로지 연구하며, 특히 그 부문을 잘 아는 사람.

全部(전부) : 모두. 하나도 빠짐없이.

傳說(전설) : 예전부터 전하여 오는 이야기.

展示(전시) : 늘어놓아 보임.

傳染病(전염병) : 병균이 공기나 음식 등을 통해 다른 사람에게 옮기는 병.

電車(전차) : 전기의 힘으로 철로 위를 달리는 차.

傳統文化(전통문화) : 조상들로부터 전해져 내려온 문화.

傳統藝術(전통예술) : 역사적으로 이어온 예술.

電話(전화) : 전화기를 이용하여 말을 통함.

節氣(절기) : 한 해를 24등분하여 계절을 나타낸 그 하나.

節約(절약) : 아껴 씀. 함부로 쓰지 않고 꼭 필요한 데에만 씀.

占領(점령) : 일정한 땅이나 지역을 차지하여 제 것으로 함.

點心(점심) : 낮에 끼니로 먹는 음식.

停車場(정거장) : 기차가 머물러 사람이 타고 내리거나 짐을 싣고 내리는 곳.

程度(정도) : 알맞은 한도.

停留場(정류장) : 버스나 전차가 손님이 오르내리도록 머무는 곳.

整理(정리) : 어지러운 것을 가지런히 바로잡음.

情報(정보) : 정세에 관한 자세한 소식, 또는 그 내용이나 자료.

頂上(정상) : 산 위의 맨 꼭대기.

情緒(정서) : 어떤 일을 겪거나 생각할 때에 일어나는 온갖 감정.

精誠(정성) : 참되어 거짓이 없는 마음.

精神(정신) : 마음이나 생각.

情熱的(정열적) : 정열에 불타는 것.

庭園(정원) : 집 안에 나무·꽃 들을 가꾸어 놓은 마당.

庭園師(정원사) : 정원의 화단이나 수목을 가꾸는 것을 업으로 삼는 사람.

正月(정월) : 일 년 중의 첫째 달.

定着(정착) : 일정한 곳에 자리잡아 삶.

正初(정초) : 정월의 처음 며칠.

正直(정직) : 거짓이나 꾸밈이 없이 마음이 바르고 곧음.

精確(정확) : 바르고 확실함. 틀림이 없음.

製品(제품) : 원료를 가지고 만들어 낸 물건.

祖上(조상) : 한 갈래의 핏줄을 받아 온, 할아버지 이상의 대대의 어른.

朝鮮(조선) : 고려가 망한 뒤, 이성계에 의하여 새로이 세워진 우리 나라의 왕조.

朝鮮白磁(조선백자) : 조선시대에 유행한 흰 빛깔로 된 도자기.

朝鮮時代(조선시대) : 고려와 대한 제국 사이에 있던 시대.

操心(조심) : 마음을 써서 잘못이 없도록 함.

朝會(조회) : 학교·관청 등에서 일을 시작하기 전에 인사나 그 밖의 주의할 일 따
위를 이르는 아침의 모임.

尊敬(존경) : 높이어 공손히 섬김.

宗敎的(종교적) : 종교와 관계가 있는 것.

終禮(종례) : 학교 공부를 마친 후에, 담임 선생님과 학생들이 교실에 모여서 하는
인사.

種類(종류) : 물건의 같은 것과 다른 것을 각각 부문을 따라서 나눈 갈래.

酒幕(주막) : 시골의 길가에서 술과 밥을 팔고, 나그네도 재우는 집.

種目(종목) : 종류의 이름.

周邊(주변) : 둘레의 가장자리. 부근.

注射(주사) : 약물을 주사기에 넣어 근육이나 혈관 등에 넣는 일.

周圍(주위) : 어떤 곳의 바깥 둘레.

注意(주의) : 마음에 새겨 두어 조심함.

主人(주인) : 한 집안의 우두머리가 되는 사람.

準備(준비) : 미리 필요한 것을 마련하여 갖춤.

中盤(중반) : 사물의 진행이 초기 단계를 지나 중기 단계로 접어듦.

中心(중심) : 한가운데.

重要(중요) : 중하고 요긴함.

中學生(중학생) : 중학교에 다니는 학생.

蒸氣(증기) : 액체가 증발하여 생기는 기체.

蒸發(증발) : 액체가 그 표면으로부터 기체로 변하여 달아나는 현상.

症狀(증상) : 어떤 현상이나 증세.

證人(증인) : 어떠한 일을 증명하기 위해 나서는 사람.

裁判(재판) : 옳고 그름을 살피어서 판단함.

全國(전국) : 한 나라의 전체.

定着(정착) : 한 곳에 자리잡음.

第一(제일) : 차례의 첫 순서.

遲刻(지각) : 정한 시각보다 늦음.

地球(지구) : 우리 인류가 살고 있는 땅덩이.

只今(지금) : 바로 이 때. 이제.

地帶(지대) : 한정된 땅의 구역.

至毒(지독) : 몹시 독함. 매우 심하거나 모짊.

地方(지방) : 나라 안의 어떤 넓은 지역.

支配(지배) : 힘으로 다스려 자기 마음대로 처리함.

知識(지식) : 사물을 아는 마음의 작용.

地域(지역) : 어떤 성질이나 표준에 의하여 나누인 땅.

地震(지진) : 땅 속의 어떤 힘에 의하여 크게 울리고 갈라지는 현상.

地下道(지하도) : 땅 속을 깊숙이 뚫어 사람이나 차들이 다니게 해놓은 길.

智慧(지혜) : 사물의 이치를 밝히고 옳은 것과 그른 것, 선한 것과 악한 것을 구별
하는 능력.

直接(직접) : 곧바로. 중간에 다른 것을 끼우거나 거치지 않음.

診斷(진단) : 의사가 환자의 병의 상태를 진찰하여 판단함.

眞率(진솔) : 진실하고 솔직함.

珍羞盛饌(진수성찬) : 맛이 좋고 푸짐하게 잘 차린 음식.

進行(진행) : 일을 처리하여 나아감.

窒塞(질색) : 몹시 싫거나 놀라서 기막힐 지경에 이름.

集配員(집배원) : 우편물을 모아서 배달하는 일을 하는 사람.

徵收(징수) : 국가나 공공 단체 등이 행정 목적 달성을 위해서 국민들로 부터 조세 · 수수료 · 현금 등을 강제적으로 거두어 들임.

車道(차도) : 차가 다니는 길.

次例(차례) : 둘 이상의 것을 일정하게 벌여 나가는 관계.

贊成(찬성) : 자기도 그렇게 하는 것이 좋다고 함. 옳다고 동의함.

參加(참가) : 어떤 모임에 참여함.

參見(참견) : 남의 일에 간섭함.

倉庫(창고) : 물건을 간직하여 두는 집.

窓門(창문) : 공기나 빛이 들어올 수 있도록 벽 또는 지붕에 낸 작은 문.

菜蔬(채소) : 온갖 푸성귀.

冊床(책상) : 책을 올려 놓거나 공부를 할 때 쓰는 상.

冊欌(책장) : 책을 넣어 두는 장.

處地(처지) : 자기가 놓여 있는 경우나 환경.

天使(천사) : 하늘 나라에서 인간 세계로 파견되어 신과 인간의 중간에서 중개 역할을 한다는 존재.

天然紀念物(천연기념물) : 드물고 귀하여 나라에서 특히 법으로 정하여 보호하는 동물이나 식물 따위.

天日製鹽法(천일제염법) : 염전에서 바닷물을 끌어들여 햇볕과 바람으로 수분을 증발시켜 만든 소금.

天地(천지) : 하늘과 땅.

天皇(천황) : 일본에서, 그 임금을 일컫는 말.

鐵道(철도) : 기차가 다니는 길.

鐵網(철망) : 철사를 얽어서 만든 그물.

靑年(청년) : 젊은 사람. 특히 남자를 말함.

淸掃(청소) : 깨끗이 쓸고 닦음.

靑少年(청소년) : 청년과 소년. 젊은이.

淸掃夫(청소부) : 청소하는 일에 종사하는 사람.

體育服(체육복) : 체육을 할 때 입는 간편한 옷.

招待(초대) : 사람을 불러서 대접함.

初等學校(초등학교) : 공부할 나이에 이른 어린아이가 들어가는 학교. 의무 교육
이며, 6년 동안 생활에 필요한 기초 지식을 배움.

草綠(초록) : 푸른 색깔과 누른 색깔의 중간색.

草綠色(초록색) : 푸른 빛깔과 누른 빛깔의 중간 색.

招請狀(초청장) : 청하여 부르는 안내장.

最高(최고) : 가장 나음.

最善(최선) : 가장 좋음.

最初(최초) : 맨 처음.

秋夕(추석) : 음력 8월 15일. 햅쌀로 송편을 빚어 차례를 지내고 벌초·성묘 등을 함.

推進(추진) : 앞으로 밀고 나아감.

蹴球(축구) : 공을 발로 차거나 머리로 받아서 상대방 골에 넣어 승부를 겨루는 운
동 경기.

出發(출발) : 길을 떠남.

出席簿(출석부) : 출석하고 안 함을 적은 장부.

忠誠(충성) : 참마음에서 우러나오는 정성.

齒科(치과) : 이에 관한 병을 고치는 병원.

治療(치료) : 병이나 다친 데를 고치기 위하여 손을 씀.

緻密(치밀) : 자세하고 꼼꼼함.

齒藥(치약) : 이를 닦는 데 쓰는 약.

親舊(친구) : 오래 두고 가깝게 사귄 벗.

親切(친절) : 태도가 매우 정답고 고분고분함.

漆板(칠판) : 검정이나 녹색 칠을 하여 분필로 글씨를 쓰게 만든 널빤지.

寢臺(침대) : 누워 자도록 만든 서양식의 잠자리.

侵略(침략) : 남의 영토를 침범하여 빼앗음.

沈默(침묵) : 아무 말 없이 가만히 있음.

稱讚(칭찬) : 잘한다고 추어 줌. 좋은 점을 일컬어 기림.

快活(쾌활) : 싹싹하고 활발함.

誕生(탄생) : 사람이 태어남. 특히 귀한 사람에게 씀.

太極旗(태극기) : 우리 나라의 국기.

態度(태도) : 속의 뜻이 드러나 보이는 겉모양.

太陽熱(태양열) : 지구가 태양으로부터 받는 열에너지.

土器(토기) : 진흙으로 만들어 볕에 말리거나 불에 구운 오지 그릇. 흙으로 만든 그
릇을 통틀어 일컫는 말.

痛哭(통곡) : 소리를 높여 슬피 욺.

統一(통일) : 한데 뭉치어 하나가 됨.

退勤(퇴근) : 직장에서 근무를 마치고 나옴.

特性(특성) : 일정한 사물에만 있는 특수한 성질.

特徵(특징) : 다른 것에 비겨서 특별히 눈에 띄게 다른 점.

破傷風(파상풍) : 외상에서 체내에 들어간 파상풍균의 독소로 일어나는 전염병.

爬蟲類(파충류) : 중생대에는 공룡 따위의 대형 동물이 번성하였으나 현재는 거북
·뱀·악어 따위가 생존하고 있음.

判決(판결) : 잘잘못을 가리어 결정함.

八角(팔각) : 여덟모.

便利(편리) : 편하고 쉬움.

便安(편안) : 몸이나 마음이 편하고 좋음.

便紙(편지) : 소식을 알리거나 어떤 용건을 적어 보내는 글.

平生(평생) : 사람의 한평생. 곧 살아있는 동안.

平素(평소) : 보통 때.

平地(평지) : 바닥이 펀펀한 땅.

平和(평화) : 평온하고 화목함.

陛下(폐하) : 황제나 황후를 높여 부르는 말.

哺乳類(포유류) : 몸 피부에 털이 나고, 조직이 복잡하고 온혈이며 대게 태생(胎生)임. 젖을 먹임.

包裝(포장) : 물건을 종이 판지 따위로 싸서 꾸림.

爆發(폭발) : 불을 일으키며 갑작스럽게 터짐.

瀑布(폭포) : 낭떠러지에서 흘러 떨어지는 물.

漂白劑(표백제) : 표백에 쓰이는 약품. 표백분 · 과산화수소 따위.

表情(표정) : 마음 속의 생각이나 느낌이 얼굴에 나타난 것.

表現(표현) : 말 · 글 · 몸짓 등으로 마음 속의 생각이나 느낌을 드러내어 나타냄.

風船(풍선) : 종이 · 고무 · 비닐 따위로 만든 주머니 속에 공기나 수소를 넣어 공중에 높이 올리는 물건.

風習(풍습) : 풍속과 습관.

豊饒(풍요) : 매우 넉넉함.

豊作(풍작) : 풍년이 들어 모든 곡식이 잘 됨.

疲困(피곤) : 몹시 지쳐서 기운이 풀리고 몸이 나른함.

避球(피구) : 두 편으로 갈라져 마주 보고 한 개의 공을 던지고 받고 하면서 상대방을 많이 맞히면 이기는 경기.

被害(피해) : 재산 · 명예 · 신체상의 손해를 입음.

筆記(필기) : 글씨를 씀.

必需品(필수품) : 사람이 살아가는 데 없어서는 아니 되는 물품.

必要(필요) : 꼭 소용이 됨. 없어서는 아니 됨.

筆筒(필통) : 지우개 · 연필 따위를 넣는 그릇.

下水道(하수도) : 빗물이나 쓰고 버린 더러운 물이 흘러가게 만든 도랑.

何必(하필) : 어찌하여 반드시. 어째서 꼭.

學校(학교) : 여러 가지 시설을 갖추어 놓고 일정 기간 동안 학생을 가르치는 곳.

學生(학생) : 학교에서 공부하는 사람.

韓國(한국) : 우리 나라.

合唱(합창) : 같은 노래를 두 가지 이상의 다른 가락으로 나누어 서로 화성을 이루며 여러 사람이 부르는 것.

恒常(항상) : 언제나. 늘.

香氣(향기) : 좋은 느낌을 주는 냄새.

解決(해결) : 얽힌 일을 풀어서 처리함. 문제를 풀어서 결말을 지음.

該博(해박) : 여러 방면으로 아는 것이 많음.

行動(행동) : 몸을 움직여서 하는 동작.

行廊(행랑) : 우리 나라의 재래식 집에서 대문의 양쪽에 벌여 있어 하인들이 거처하는 방.

行列(행렬) : 여럿이 줄을 지어 감, 또는 그 줄.

幸福(행복) : 걱정이 없고 마음이 흡족하여 즐거운 상태.

許諾(허락) : 부탁한 것을 들어줌.

憲兵(헌병) : 군대에서, 경찰과 같은 구실을 하는 군인.

憲兵隊(헌병대) : 헌병들로 조직된 군대.

玄關(현관) : 서양식 집의 주된 출입구에 낸 문간.

現代(현대) : 오늘날의 시대.

現象(현상) : 사물에서 일어나는 모양이나 상태.

現實(현실) : 현재에 나타나 있는 사실. 현재 있는 그대로의 상태.

形便(형편) : 일이 되어 가는 모양.

好奇心(호기심) : 새롭거나 신기한 것에 이끌리는 마음.

或是(혹시) : 만일에.

混雜(혼잡) : 한데 섞여 복잡함.

洪水(홍수) : 장마가 져서 크게 불어난 물.

花壇(화단) : 꽃을 심으려고 뜰 따위의 한쪽에 흙을 한층 높게 쌓아 놓는 곳.

火爐(화로) : 숯불을 담아 놓는 그릇.

和睦(화목) : 서로 뜻이 맞고 정다움.

花盆(화분) : 꽃을 심어 가꾸는 데 쓰이는 그릇.

華奢(화사) : 화려하고 사치스러움.

火山(화산) : 땅 속의 용암이 밖으로 내뿜어지는 곳이나 그 내뿜어진 것이 쌓여 이루어진 산.

畵室(화실) : 화가 또는 조각가가 일을 하는 방.

化粧室(화장실) : 화장을 하기 위해 만든 방.

化粧品(화장품) : 크림 · 분 · 향수 따위 화장에 쓰는 물건.

和暢(화창) : 날씨나 마음씨가 부드럽고 따뜻하며 맑음.

花草(화초) : 꽃이 피는 풀과 나무, 또는 보기 위해 꽃밭이나 화분에 심는 풀과 나무.

確認(확인) : 확실히 알아봄.

環境(환경) : 자기를 둘러싸고 있는 모든 것.

歡迎(환영) : 기쁜 마음으로 맞이함.

患者(환자) : 병을 앓는 사람. 병든 사람.

歡呼聲(환호성) : 기뻐서 부르짖는 소리.

活氣(활기) : 활동하는 힘.

活動的(활동적) : 일에 대하여 적극적으로 작용하고, 행동하는 것.

活用(활용) : 성질 · 기능 등을 이리저리 잘 응용함. 변통하여 돌려씀.

會館(회관) : 어떤 모임을 위해 많은 사람이 한꺼번에 들어갈 수 있게 지은 집.

會社(회사) : 돈을 벌기 위하여 만든 사업 단체.

橫斷步道(횡단보도) : 안전 표지에 따라 사람이 횡단하게 해 놓은 차도의 한 부분.

後孫(후손) : 몇 대가 지나거나 또는 자기 대로부터 뒤의 자손.

後悔(후회) : 잘못을 깨닫고 뉘우침.

休紙(휴지) : 못 쓰게 된 종이.

凶作(흉작) : 농작물이 잘 되지 못함.

凶測(흉측) : 몹시 흉악함.

吸水(흡수) : 빨아들임.

興奮(흥분) : 신경에 자극을 받아서 감정이 북받쳐 일어남.

希望(희망) : 기대하여 바람. 앞 일에 대한 소망.

犧牲(희생) : 국가나 남을 위해 목숨이나 재물을 바침.

4학년 한자

가

家(집 가)　街(거리 가)　加(더할 가)　各(각각 각)　刻(새길 각)　角(뿔 각)

干(방패 간)　間(사이 간)　看(볼 간)　懇(간절할 간)　感(느낄 감)　敢(감히 감)

監(볼 감)　鑑(거울 감)　康(편안할 강)　强(굳셀 강)　介(끼일 개)　個(낱 개)

開(열 개)　巨(클 거)　車(수레 거)　擧(들 거)　件(사건 건)　健(튼튼할 건)

格(바로잡을 격)　擊(칠 격)　見(볼 견)　決(결단할 결)　結(맺을 결)　經(지날 경)

慶(경사 경)　敬(공경할 경)　競(겨룰 경)　輕(가벼울 경)　景(볕 경)　境(지경 경)

驚(놀랄 경)　界(경계 계)　計(셈할 계)　系(계통 계)　季(계절 계)　係(걸릴 계)

鷄(닭 계)　械(기계 계)　階(층계 계)　啓(열 계)　古(옛 고)　苦(괴로울 고)

故(연고 고)　固(굳을 고)　高(높을 고)　庫(창고 고)　拷(두드릴 고)　姑(시어미 고)

曲(굽을 곡)　穀(곡식 곡)　哭(울 곡)　昆(형 곤)　困(괴로울 곤)　骨(뼈 골)

工(장인 공)　孔(구멍 공)　公(공변될 공)　空(빌 공)　攻(칠 공)　恐(두려울 공)

菓(과일 과)　科(과정 과)　果(열매 과)　冠(갓 관)　慣(버릇 관)　關(빗장 관)

館(집 관)　觀(볼 관)　官(벼슬 관)　管(대롱 관)　光(빛 광)　交(사귈 교)

校(학교 교)　橋(다리 교)　敎(가르칠 교)　句(글귀 구)　具(갖출 구)　舊(옛 구)

究(연구할 구)　球(공 구)　救(구원할 구)　口(입 구)　局(판 국)　國(나라 국)

軍(군사 군)　窮(다할 궁)　規(법 규)　菌(세균 균)　均(고를 균)　極(다할 극)

劇(심할 극)　勤(부지런할 근)　今(이제 금)　金(쇠 금)　給(공급할 급)　急(급할 급)

機(기계 기)　奇(기이할 기)　己(자기 기)　旗(기 기)　技(재주 기)　基(터 기)

器(그릇 기)　記(기록할 기)　忌(꺼릴 기)　寄(부칠 기)　氣(기운 기)　期(기약할 기)

紀(벼리 기)　起(일어날 기)　緊(팽팽할 긴)

나

難(어려울 난)　男(사내 남)　南(남녘 남)　納(들일 납)　浪(물결 랑)　內(안 내)

女(계집 녀)　年(해 년)　念(생각할 념)　寧(편안할 녕)　努(힘쓸 노)　農(농사 농)

能(능할 능)

다

多(많을 다)　蛋(새알 단)　端(바를 단)　斷(끊을 단)　單(홑 단)　段(구분 단)

壇(제터 단)　丹(붉을 단)　達(통달할 달)　擔(멜 담)　答(대답 답)　堂(집 당)

當(마땅할 당)　大(큰 대)　代(대신할 대)　貸(빌릴 대)　隊(무리 대)　對(대답할 대)

帶(띠 대)　待(기다릴 대)　臺(정자 대)　德(덕 덕)　都(도읍 도)　道(길 도)

度(법도 도)　挑(끌어낼 도)　導(인도할 도)　途(길 도)　到(이를 도)　圖(그림 도)

逃(달아날 도)　獨(홀로 독)　讀(읽을 독)　毒(독 독)　冬(겨울 동)　同(한가지 동)

童(아이 동)　動(움직일 동)　豆(콩 두)　等(등급 등)　登(오를 등)　燈(등잔 등)

라

羅(벌릴 라)　諾(대답할 락)　落(떨어질 락)　樂(즐길 락)　覽(볼 람)　廊(행랑 랑)

來(올 래)　略(간략할 략)　糧(양식 량)　量(헤아릴 량)　來(올 래)　冷(찰 랭)

麗(고울 려)　旅(나그네 려)　力(힘 력)　歷(지낼 력)　聯(연이을 련)　列(벌일 렬)

靈(신령 령)　領(거느릴 령)　例(법식 례)　禮(예절 례)　爐(화로 로)　老(늙을 로)

路(길 로)　勞(일할 로)　綠(푸를 록)　錄(기록할 록)　論(논의할 론)　療(병고칠 료)

料(헤아릴 료)　龍(용 룡)　類(무리 류)　留(머무를 류)　陸(육지 륙)　理(다스릴 리)

梨(배나무 리)　利(이로울 리)　璃(유리 리)　離(떠날 리)　吏(아전 리)　吝(아낄 린)

立(설 립)

마

痲(저릴 마)　幕(장막 막)　萬(일만 만)　滿(찰 만)　亡(망할 망)　網(그물 망)

望(바랄 망)　每(매양 매)　面(얼굴 면)　名(이름 명)　明(밝을 명)　鳴(울 명)

命(목숨 명)　母(어미 모)　募(모을 모)　謀(꾀할 모)　模(법 모)　目(눈 목)

睦(화목할 목)　木(나무 목)　牧(칠 목)　務(힘쓸 무)　舞(춤출 무)　無(없을 무)

默(잠잠할 묵)　文(글월 문)　門(문 문)　問(물을 문)　文(글월 문)　物(만물 물)

未(아닐 미)　微(작을 미)　美(아름다울 미)　迷(미혹할 미)　民(백성 민)　悶(번민할 민)

密(빽빽할 밀)

바

拍(손뼉칠 박)　博(넓을 박)　朴(순박할 박)　反(되돌릴 반)　盤(쟁반 반)　返(돌아올 반)

搬(옮길 반)　班(나눌 반)　飯(밥 반)　發(쏠 발)　方(모 방)　放(놓을 방)

坊(동네 방)　防(막을 방)　配(나눌 배)　排(물리칠 배)　俳(광대 배)　白(흰 백)

百(일백 백)　繁(번성할 번)　法(법 법)　壁(벽 벽)　變(변할 변)　邊(가 변)

便(오줌 변)　別(나눌 별)　兵(군사 병)　病(병들 병)　步(걸음 보)　保(지킬 보)

普(넓을 보)　補(기울 보)　報(알릴 보)　寶(보배 보)　福(복 복)　服(옷 복)

複(겹칠 복)　本(근본 본)　俸(녹 봉)　父(아비 부)　夫(지아비 부)　付(줄 부)

負(질 부)　婦(아내 부)　部(거느릴 부)　富(부자 부)　簿(장부 부)　分(나눌 분)

奮(떨칠 분)　盆(동이 분)　不(아니 불)　批(비평할 비)　悲(슬플 비)　痺(저릴 비)

飛(날 비)　費(소비할 비)　備(갖출 비)　秘(숨길 비)

사

士(선비 사)　四(넉 사)　射(쏠 사)　事(일 사)　舍(집 사)　社(모일 사)

師(스승 사)　使(부릴 사)　史(역사 사)　司(맡을 사)　寫(베낄 사)　飼(먹일 사)

謝(사례할 사)　獅(사자 사)　奢(사치할 사)　傘(우산 산)　産(낳을 산)　山(메 산)

殺(죽일 살)　三(석 삼)　上(위 상)　床(평상 상)　相(서로 상)　箱(상자 상)

想(생각할 상)　狀(모양 상)　像(형상 상)　常(항상 상)　賞(상줄 상)　象(코끼리 상)

傷(상처 상)　色(빛 색)　塞(막힐 색)　嗇(아낄 색)　生(날 생)　牲(희생 생)

序(차례 서)　西(서녁 서)　書(글 서)　恕(용서할 서)　緒(실마리 서)　夕(저녁 석)

石(돌 석)　席(자리 석)　船(배 선)　先(먼저 선)　膳(반찬 선)　鮮(고울 선)

善(착할 선)	設(베풀 설)	泄(샐 설)	攝(당길 섭)	成(이룰 성)	性(성품 성)
姓(성씨 성)	聲(소리 성)	誠(정성 성)	盛(성할 성)	世(인간 세)	細(가늘 세)
洗(씻을 세)	稅(세금 세)	歲(해 세)	勢(형세 세)	小(작을 소)	少(적을 소)
所(장소 소)	素(흴 소)	掃(쓸 소)	笑(웃을 소)	疏(트일 소)	騷(떠들 소)
消(사라질 소)	紹(이을 소)	蔬(나물 소)	束(묶을 속)	俗(풍속 속)	速(빠를 속)
孫(손자 손)	率(거느릴 솔)	水(물 수)	手(손 수)	收(거둘 수)	需(구할 수)
壽(목숨 수)	輸(나를 수)	數(셈할 수)	樹(나무 수)	羞(바칠 수)	受(받을 수)
宿(묵을 숙)	肅(엄숙할 숙)	純(순수할 순)	瞬(순간 순)	術(재주 술)	習(익힐 습)
勝(이길 승)	昇(오를 승)	示(보일 시)	是(옳을 시)	市(시가 시)	時(때 시)
屍(주검 시)	始(처음 시)	猜(시기할 시)	視(볼 시)	詩(시 시)	飾(꾸밀 식)
殖(번성할 식)	識(알 식)	食(밥 식)	息(숨쉴 식)	植(심을 식)	式(법 식)
信(믿을 신)	神(귀신 신)	身(몸 신)	新(새 신)	紳(큰띠 신)	失(잃을 실)
室(집 실)	實(열매 실)	心(마음 심)			

아

雅(맑을 아)	兒(아이 아)	衙(마을 아)	惡(악할 악)	樂(풍류 악)	鰐(악어 악)
安(편안할 안)	案(책상 안)	愛(사랑 애)	藥(약 약)	弱(약할 약)	約(맺을 약)
洋(바다 양)	陽(볕 양)	樣(모양 양)	養(기를 양)	魚(물고기 어)	語(말씀 어)
憶(생각할 억)	嚴(엄할 엄)	業(업 업)	如(같을 여)	亦(또 역)	域(지경 역)
役(부릴 역)	演(펼 연)	硏(갈 연)	然(그러할 연)	鉛(납 연)	軟(연할 연)
燃(불탈 연)	熱(더울 열)	閱(검열할 열)	鹽(소금 염)	染(물들일 염)	葉(잎 엽)
迎(맞을 영)	英(꽃부리 영)	豫(미리 예)	藝(재주 예)	午(낮 오)	烏(까마귀 오)
汚(더러울 오)	娛(즐길 오)	屋(집 옥)	獄(옥 옥)	溫(따뜻할 온)	完(완전할 완)
玩(놀 완)	王(임금 왕)	外(바깥 외)	要(구할 요)	饒(넉넉할 요)	妖(아리따울 요)
曜(빛날 요)	慾(욕심 욕)	用(쓸 용)	容(얼굴 용)	勇(날랠 용)	牛(소 우)
宇(집 우)	偶(짝 우)	郵(우편 우)	雨(비 우)	優(넉넉할 우)	于(어조사 우)

運(돌 운) 鬱(답답할 울) 原(근원 원) 員(인원 원) 院(집 원) 園(동산 원)

願(원할 원) 怨(원망할 원) 援(도울 원) 月(달 월) 越(넘을 월) 危(위태할 위)

衛(지킬 위) 圍(둘레 위) 慰(위로할 위) 違(어길 위) 僞(거짓 위) 由(말미암을 유)

有(있을 유) 乳(젖 유) 琉(유리 유) 維(밧줄 유) 流(흐를 유) 育(기를 육)

肉(고기 육) 銀(은 은) 恩(은혜 은) 飮(마실 음) 音(소리 음) 邑(고을 읍)

應(응할 응) 意(뜻 의) 醫(의원 의) 疑(의심할 의) 義(옳을 의) 椅(의자 의)

以(써 이) 移(옮길 이) 異(다를 이) 益(더할 익) 人(사람 인) 印(도장 인)

因(인할 인) 認(알 인) 一(한 일) 日(날 일) 任(맡길 임) 入(들 입)

자

子(아들 자) 自(스스로 자) 瓷(오지그릇 자) 者(사람 자) 資(재물 자) 仔(자세할 자)

作(지을 작) 雀(참새 작) 昨(어제 작) 暫(잠시 잠) 雜(섞일 잡) 長(길 장)

場(마당 장) 臟(오장 장) 藏(감출 장) 章(글 장) 欌(장롱 장) 裝(꾸밀 장)

粧(단장할 장) 障(막힐 장) 張(베풀 장) 將(장수 장) 壯(장할 장) 狀(문서 장)

財(재물 재) 材(재목 재) 裁(마를 재) 宰(재상 재) 的(과녁 적) 適(맞을 적)

蹟(자취 적) 寂(고요할 적) 田(밭 전) 展(펼 전) 傳(전할 전) 電(번개 전)

戰(싸울 전) 前(앞 전) 轉(구를 전) 全(온전할 전) 錢(돈 전) 專(오로지 전)

切(자를 절) 節(마디 절) 點(점 점) 占(점칠 점) 接(사귈 접) 正(바를 정)

庭(뜰 정) 情(뜻 정) 定(정할 정) 頂(정수리 정) 精(정할 정) 整(가지런할 정)

淨(깨끗할 정) 程(단위 정) 停(머무를 정) 制(마를 제) 製(지을 제) 劑(약지을 제)

題(제목 제) 際(사이 제) 第(차례 제) 濟(건널 제) 朝(아침 조) 祖(조상 조)

調(고를 조) 操(잡을 조) 足(발 족) 族(계레 족) 存(있을 존) 尊(높을 존)

宗(마루 종) 種(씨 종) 終(끝날 종) 主(주인 주) 宙(집 주) 注(물댈 주)

周(두루 주) 酒(술 주) 州(고을 주) 住(살 주) 準(법 준) 中(가운데 중)

重(무거울 중) 症(증세 증) 蒸(찔 증) 證(증거 증) 只(다만 지) 知(알 지)

志(뜻 지) 紙(종이 지) 智(지혜 지) 地(땅 지) 持(가질 지) 遲(더딜 지)

至(이를 지) 支(지탱할 지) 紙(종이 지) 直(곧을 직) 眞(참 진) 進(나아갈 진)

診(볼 진) 珍(보배 진) 震(벼락 진) 質(바탕 질) 秩(차례 질) 窒(막을 질)

集(모을 집) 執(잡을 집) 徵(부를 징)

차

次(버금 차) 車(수레 차) 着(붙을 착) 讚(기릴 찬) 饌(반찬 찬) 贊(도울 찬)

參(간여할 참) 窓(창문 창) 倉(창고 창) 唱(노래 창) 創(비롯할 창) 暢(화창할 창)

菜(나물 채) 冊(책 책) 處(곳 처) 妻(아내 처) 天(하늘 천) 踐(밟을 천)

鐵(쇠 철) 帖(문서 첩) 靑(푸를 청) 淸(맑을 청) 廳(관청 청) 請(청할 청)

體(몸 체) 初(처음 초) 草(풀 초) 招(부를 초) 寸(마디 촌) 最(가장 최)

秋(가을 추) 推(옮길 추) 畜(기를 축) 蹴(찰 축) 出(날 출) 充(가득할 충)

蟲(벌레 충) 忠(충성 충) 臭(냄새 취) 取(가질 취) 測(잴 측) 層(층 층)

置(둘 치) 治(다스릴 치) 齒(이 치) 緻(뺄 치) 則(법칙 칙) 親(친할 친)

漆(옻 칠) 侵(침노할 침) 寢(잠잘 침) 沈(잠길 침) 蟄(숨을 칩) 稱(일컬을 칭)

카

快(쾌할 쾌)

타

託(부탁할 탁) 濯(씻을 탁) 卓(높을 탁) 誕(태어날 탄) 太(클 태) 態(모양 태)

宅(집 택) 土(흙 토) 通(통할 통) 痛(아플 통) 統(거느릴 통) 筒(대롱 통)

退(물러날 퇴) 特(특별할 특)

파

破(깨뜨릴 파) 爬(긁을 파) 板(널조각 판) 判(판단할 판) 八(여덟 팔) 便(편할 편)

平(평평할 평) 陛(섬돌 폐) 布(베 포) 哺(먹을 포) 包(쌀 포) 瀑(폭포 폭)

爆(터질 폭)　表(겉 표)　漂(뜰 표)　品(물건 품)　豊(풍년 풍)　風(바람 풍)

楓(단풍나무 풍)　避(피할 피)　疲(피곤할 피)　被(입을 피)　必(반드시 필)　筆(붓 필)

하

下(아래 하)　何(어찌 하)　鶴(학 학)　學(배울 학)　閑(한가할 한)　韓(나라 한)

割(나눌 할)　函(함 함)　陷(빠질 함)　喊(소리칠 함)　合(합할 합)　恒(항상 항)

抗(막을 항)　鄕(시골 향)　香(향기 향)　該(갖출 해)　解(풀 해)　害(해칠 해)

行(다닐 행)　幸(다행 행)　許(허락할 허)　憲(법 헌)　險(험할 험)　驗(시험할 험)

現(나타날 현)　玄(검을 현)　形(모양 형)　衡(저울 형)　惠(은혜 혜)　慧(지혜 혜)

號(부르짖을 호)　呼(부를 호)　護(보호할 호)　好(좋을 호)　或(혹시 혹)　混(섞을 혼)

忽(문득 홀)　洪(클 홍)　火(불 화)　化(될 화)　和(화할 화)　花(꽃 화)

畵(그림 화)　貨(재물 화)　話(말할 화)　華(빛날 화)　靴(신 화)　確(굳을 확)

患(근심 환)　歡(기쁠 환)　環(고리 환)　活(살 활)　皇(임금 황)　會(모일 회)

悔(뉘우칠 회)　劃(그을 획)　橫(가로 횡)　後(뒤 후)　休(쉴 휴)　凶(흉할 흉)

吸(마실 흡)　興(흥할 흥)　希(바랄 희)　犧(희생 희)